大学教職員と学生のための
# 中国留学・教育用語の手引き

澤谷敏行 [編著]
河野理恵
田村　悠
中田和貴
原口昭一
房　雪霏
松尾　隆
林　洪

大学教職員と学生のための
中国留学・教育用語の手引き

## まえがき

　この『大学教職員と学生のための中国留学・教育用語の手引き』を作成する契機となったのは、2007年3月のJAFSA中国SIG（国際教育協議会・中国Special Interest Group）の定例研究会である。これまで中国SIGが把握してきた中国の大学教育の諸事情が、果たして日本の大学にきちんと理解されているのだろうかという疑問がその始まりであった。
　その時、20年以上も前に留学した時の中国の大学の学内風景が頭に浮かんだ。中国の大学は9月始まりで、その時期は中国各地から続々と新入生がやってきて、「報到」（ほうとう）と呼ばれる入学手続きを行っていた。その賑やかな様子を微笑ましく眺めていたのだが、しかし、その肝心の「報到」という言葉の意味を説明してくれる人は誰もいなかった。なぜなら、それは中国では、説明する必要もない日常頻繁に使われる言葉だったからである。また、中国SIGで日本に留学する中国人の証明書の偽装問題に関わっていた際、卒業生の証明書は一体どこで真偽が確かめられるのかを調査した時、「檔案」（とうあん）という個人の人事ファイルの存在を発見した。この「檔案」も「報到」も中国人にとっては説明不要な言葉なのである。しかし、私たちにとってはこうした言葉の意味を知ることは、中国の教育事情を理解する上で大変重要な意味がある。
　日本と中国は政治体制が異なるため、教育システムも大きく違う。そのため日中の大学教育比較を研究対象とする専門家もたくさんおり、それに関する学術書も多く出版されている。しかし、学術書では扱われない「報到」や「檔案」のような日常的な、あるいは留学して中国で生活するうえで役立つ言葉や知識を取り上げ解説したものは、いまだ出版されていない。今回の「手引き」の目的は、中国との交流を行っている大学教員や職員、そして留学を目指している方々に知っておいてもらいたい中国の大学の情報、教育用語などを、日頃大学で仕事をしている私たちの目線から拾い上げ、それらをわかりやすく解説し、正しく理解していただくことである。この手引きが日中交流の現場で働く教職員、また中国へ留学する学生にとって、少しでも役立つことができれば幸いである。
　最後に本書の出版を快諾してくださった関西学院大学出版会に心から感謝の意を表する。

2010年4月
JAFSA中国SIG代表　**河野理恵**

## 本書の使い方

　本書は、中国の大学へ留学する学生と大学教職員のために作成された中国留学・教育用語の手引きである。主な使い方として、中国の大学の教育用語について、中日辞典や日中辞典で調べた結果、その内容が具体的にどういったものかがつかみにくい場合に、本書は威力を発揮する。第1部の留学・教育用語（123語彙）の解説を読めば、具体的な様子や背景が理解できる。またその用語を使って中国語の例文を挙げてあるので、中国語の勉強にもなる。第2部の知っておけば便利な単語帳（約400の語彙）は、用語の意味を知りたい時の近道である。この単語帳には、キャンパス生活で日常的によく使われる語彙を集録しているので、中国へ留学する際に、事前に覚えておくと役に立つ。

　集録された中国語の用語と単語を検索するには、二つの方法がある。一つは中国語のピンイン（アルファベット順）による検索、もう一つは用語、単語の日本語音読み（50音字順）による検索である。前者は中国語で読める人向け、後者は、中国語の学習者向けである。なお巻末の索引で、第1部、第2部両方のページ数が記されている用語は使用頻度が高い。

　その他の活用方法として、目次の項目から、関心のある分野を選び、読み進める楽しみ方や、「中国の大学事情」といった読み物として、最初から順番に読み通す方法もある。

# 目 次

まえがき／本書の使い方

## 第1部　留学・教育用語の解説

### 【学部生】

学生の呼称 1／入学試験 2／奨学金・助学金 7／学生生活 10／カリキュラム 18／授業・試験関連 19／〔コラム〕目の体操（授業の合間の体操）20／優等生・エリート 22／不正行為・非行 23／〔コラム〕キャンパスソング 24／学籍異動 25／資格・検定試験 27／就職 29／〔コラム〕インターンシップ（社会実践教育）29／卒業 35

### 【大学院】

大学院生 36

### 【教職員】

教職員の職称 45／招聘教員・著名教授 47／教員評価・待遇 48

### 【生涯学習・英才教育】

生涯学習 50／英才教育 51

### 【教育カリキュラム改革】

教育カリキュラム改革 53／〔コラム〕素質教育（中国の21世紀人材育成プロジェクト）56

### 【中国人の留学】

留学 58／帰国 59

### 【中国の高等教育】

中国の教育制度 60／高等教育行政改革 63／高等教育制度 67／通信教育・生涯教育 73

### 【中等職業教育】

職業教育 74／中等職業学校 76

### 【その他教育機関】78

／〔コラム〕中国方言のゆくえ 82

## 第2部　知っておくと便利な単語帳

学習 84／試験 91／生活 95／PC＆文具 97／留学手続き 100／中等教育 103／高等教育 104／知っておけば便利なURL 106

あとがき 108／中国語索引 109／日本語索引 117

執筆者紹介

第 1 部　留学・教育用語の解説

学生の呼称

# 学部生

### 学生の呼称

中 80后大学生　bālínghòu dàxuéshēng／90后大学生　jiǔlínghòu dàxuéshēng
日 80後大学生　はちぜろご　だいがくせい／90後大学生　きゅうぜろごだいがくせい

それぞれ1980年代、1990年代に生まれた大学生を指す。一括りに語られることが多い。1979年に人口抑制政策が実施された結果、この世代はほとんどが一人っ子である。彼らのわがまま放題ぶりには「小皇帝 xiǎohuángdì」の名が与えられ、またその家族構成を指す「421家庭 sìèryī jiātíng」（祖父母4人、両親2人、本人）という言葉が生まれた。なお、「80后 bālínghòu」、「90后 jiǔlínghòu」だけで、各年代に生まれたものを指し、「80后××」、「90后××」という言い方ができる。たとえば、「80后作家」（80年代生まれの作家）、「90后女人」（90年代生まれの女性）など。

〔例〕与**80后大学生**不同的是，**90后大学生**需要尽可能多地展现自己。
Yǔ bālínghòu dàxuéshēng bùtóng de shì, jiǔlínghòu dàxuéshēng xūyào jìnkěnéng duō de zhǎnxiàn zìjǐ.
90年代生まれの大学生が80年代生まれの大学生と異なるところは、できるだけ多く自己表現する必要がある点だろう。

中 2008级　èrlínglíngbā jí
日 2008級　にぜろぜろはち　きゅう

2008年度入学生。「级」に西暦を冠して、その年に入学した学生を指す。「2008级」を略して「08级」ともいう。学年を指す表現として、ほかに「大」+学年、つまり「大一 dà yī」、「大二 dà èr」という言い方もあり、文字通り大学1年生、2年生のことを指す。また、新入生を「新生 xīnshēng」、上級生を「老生 lǎoshēng」という。

〔例〕**2008级**研究生与去年一样，原则上再无"公费""自费"之分。
Èrlínglíngbā jí yánjiūshēng yǔ qùnián yīyàng, yuánzéshang zài wú "gōngfèi" "zìfèi" zhīfēn.
2008年入学大学院生は昨年と同じで、原則は公費、私費の区別はなかった。

中 应届毕业生　yīngjiè bìyèshēng
日 応届畢業生　おうかい　ひつぎょうせい

新卒生。「届 jiè」とは、日本語の助数詞に相当する単位であり、サミットやオリンピックなど定期的に行われる会議や行事の回数を表す。「应届毕业生 yīngjiè bìyèshēng」は、その年度の卒業生を指し、それ以前であれば「往届 wǎngjiè 毕业生」という。ほかに、「2009届毕业生 èrlínglíngjiǔ jiè

bìyèshēng」のように卒業年の後ろにつける言い方もある。なお、中国は9月入学7月卒業であり、「2009届毕业生」といえば、2009年7月に卒業した卒業生という意味である。
[例] 据了解,今年我市**应届毕业生**就业率达到70%。
Jù liǎojiě, jīnnián wǒ shì **yīngjiè bìyèshēng** jiùyèlǜ dádào bǎifēnzhī qīshí.
調べによれば、今年当市の新卒者の就職率は70％に達した。

## 入学試験

**中** 招生　zhāoshēng
**日** 招生　しょうせい

学生募集のこと。大学生の募集は「大学招生 dàxué zhāoshēng」、募集要項は「招生简章 zhāoshēng jiǎnzhāng」という。募集要項には、募集人数「招生人数 zhāoshēng rénshù」または募集定員「招生名额 zhāoshēng míng'é」のほか学費などが紹介されている。また大学案内パンフは「学校简章 xuéxiào jiǎnzhāng」または「学校简介 xuéxiào jiǎnjiè」という。大学案内には、大学の敷地面積や施設紹介、学部・学科のほか、学生と教師の比率「师生比 shīshēngbǐ」などが掲載されている。全国大学生募集説明会は、「全国高等院校招生说明会 quánguó gāoděngyuànxiào zhāoshēng shuōmínghuì」、大学入試の説明会は、「高考说明会 gāokǎo shuōmínghuì」といい、学生募集説明会は、省、直轄市または自治区の教育主管部門が主催して、地域の体育館や展示場などを会場として実施する。なお、大学のオープンキャンパスは、「开放学校 kāifàng xuéxiào」という。
[例] 2009年全省计划**招生**3800人,自主**招生**、艺术特长生等特殊类考生录取不占用公布的**招生**名额。
Èrlínglíngjiǔ nián quánshěng jìhuà **zhāoshēng** sānqiān bābǎi rén, zìzhǔ **zhāoshēng**, yìshù tèchángshēng děng tèshūlèi kǎoshēng lùqǔ bù zhànyòng gōngbù de **zhāoshēng** míng'é.
2009年の全省の募集人員は3800人だが、自主募集、芸術に優れた学生などの特別入試分は、この公開の募集定員に含まれていない。

**中** 扩招　kuòzhāo
**日** 拡招　かくしょう

募集人数拡大。「扩大招生 kuòdà zhāoshēng」の略。1999年に教育部が普通高等教育機関の学生募集試験制度改革推進に関する見解「关于进一步深化普通高等学校招生考试制度改革的意见。guānyú jìn yībù shēnhuà pǔtōng gāoděngxuéxiào zhāoshēng kǎoshì zhìdù gǎigé de yìjiàn」を出したのを受け、同年6月25日に中央政府は大学定員を3割拡大するという決定を下した。これによりの大学の募集定員総数が前年度の3割増しとなった。その後も募集定員数が増え続けた結果、1998年には

65.3万人であった大学入学者総数が1999年には93.7万人、2003年には182.5万人、2008年には607.7万人にもなっている。

[参考] 中国の高等教育はマーチン・トロウの高等教育発展段階論による進学率が15%を超し、エリート教育からマス段階へと移った。拡招の背景は、1998年に教育部が出した、21世紀に向けての教育振興行動計画「面向21世纪教育振兴行动计划 miànxiàng èrshíyī shìjì jiàoyù zhènxīng xíngdòng jìhuà」が実施に移され、同時に大学を「教育産業」と捉え経済の活性化を図ったことにある。また、一人っ子の親が、アジア経済危機の影響で将来に不安を持ち、子どもに高い学歴をつけさせたいと考えることから出てきた需要と供給が合致したといえよう。しかし、入学定員の拡大の結果、同時にさまざまな問題を抱えることとなった。たとえば、もともと中国の経済・産業の発展に伴う高等教育の不足や新しい技術に対応する高度職業人の不足への対策という面もあったが、近年では大学卒業者の増加に伴い、希望する就職先が見つからず、卒業後も就職活動を続ける学生が増加するという問題も出てきている。

[例] 近几年连续**扩招**，使得如何保障教学管理工作质量成为一个焦点问题。
Jìn jǐ nián liánxù kuòzhāo, shǐ dé rúhé bǎozhàng jiàoxué guǎnlǐ gōngzuò zhìliàng chéngwéi yī gè jiāodiǎn wèntí.
ここ数年間の募集人数拡大によって、教育の質をいかに保つかということが問題の焦点になった。

---

中 自主招生　zìzhǔ zhāoshēng
日 自主招生　じしゅしょうせい

大学に受験生の募集活動、入学試験、合格者の決定などを自主的に行う権限を与え、実施するやり方。教育部は、この大学入試制度の改革によって、大学の自主性を拡大し、中国は21世紀に対応できる人材育成を目指すと述べている（「素質教育」の項目参照）。一方で、入学試験が不公平なやり方で一部の学生を入学させているのではないかという疑念を持つ庶民もいる。このような制度が中国に完全に根付くかどうかは、公平、公正に入試が行われ、かつガラス張りの情報公開がなされるかどうかにかかっている。2006年12月教育部は、「自主招生」を許可した全国22校の学校名を公表し、公平、公正を保証する次の三つの原則を義務付けている。①選抜方法と募集人数の公開、②申請者の公開、③大学が合格させた学生を、学生が所属する省、自治区、直轄市の募集事務室を経て社会へ公開。

[例] **自主招生**不仅是扩大高校自主权和深化录取制度方面的重要举措，同时也是对选拔优秀人才的新探索。
Zìzhǔ zhāoshēng bù jǐn shì kuòdà gāoxiào zìzhǔquán hé shēnhuà lùqǔ zhìdù fāngmiàn de zhòngyào

jǔcuò, tóngshí yěshì duì xuǎnbá yōuxiù réncái de xīntànsuǒ.
自主募集は大学の自主権を拡大し、入試制度改革を進める重要な措置であるだけでなく、同時に優秀な人材を発掘する新しい試みである。

🔲 高考 gāokǎo／高校考試 gāoxiào kǎoshì／高校统一考试 gāoxiào tǒngyī kǎoshì
🔳 高考 こうこう／高校考試 こうこうこうし／高校統一入試 こうこうとういつにゅうし
全国大学統一入学試験。「全国高等院校招生统一考试 quánguó gāoděngyuànxiào zhāoshēng tǒngyī kǎoshì」の略称。日本の大学入試センター試験に相当し、中国教育部の外郭団体である国家試験センターが出題を行う。2009年の全国大学統一入学試験「高考」は、6月7～9日の3日間行われた。解答形式には記述式とマークシートによる選択式がある。英語の試験にはリスニング問題も含まれている。また、最近では、単独試験を導入する大学（2005年には北京、上海を含め全国14省が導入）や単独試験に加えて「高考」の文科総合試験や理科総合試験を取り入れる大学も増加している。
[参考] 1952年から1966年（1958年は除く）は、大学入試が実施されたが、1966年から1969年は大学生の募集も入試も行われなかった。1970年から推薦入試を実施したが、この頃の大学は2-3年制のものであった。1977年から入学試験が各省で再開され、1978年から全国統一入試が実施されるようになった。文化大革命終焉直後の1977年から79年の入試には受験生が殺到し、400万～600万人にもなった。なお、1999年に中国教育部の大学入試改革に関する意見書の一つに「3加X」（3プラスX）というものがある。これは、英語・数学・国語の主要3科目に加えて各大学が残りの科目（=X）を指定するというもので、Xには政治、歴史、地理、物理、化学、生物、文科総合、理科総合、文理総合がある。なお、この「3加X」も古くなり、入試制度はさらに変化している。
[例] 中国现行高考制度的优点，体现在可以最大限度地实现科学公平的选拔人才方面，但同时也存在一些问题，比如地区歧视等。
Zhōngguó xiànxíng gāokǎo zhìdù de yōudiǎn, tǐxiàn zài kěyǐ zuìdà xiàndù de shíxiàn kēxué gōngpíng de xuǎnbá réncái fāngmiàn, dàn tóngshí yě cúnzài yīxiē wèntí, bǐrú dìqū qíshì děng.
中国の現行の大学入試制度の優れている点は、極めて科学的で公平な人材選抜ができるところにある。しかし、同時に地域間格差などの問題も存在する。

🔲 成人高考 chéngrén gāokǎo／成考 chéngkǎo
🔳 成人高考 せいじんこうこう／成

考　せいこう

成人高等教育機関（大学）の入学試験の略称。正式には「成人高等学校招生全国统一考试 chéngrén gāoděngxuéxiào zhāoshēng quánguó tǒngyī kǎoshì」。2009年の成人高考は10月17日、18日の2日間にわたって実施された。受験資格は、原則として高校卒業以上の学歴またはそれと同等の者である。オリンピック、世界選手権、全国規模のスポーツ大会の入賞者などは入学試験が免除される。また、さまざまな功労者や25歳以上の受験生に対し入試の成績を配慮する規定もある。志願者は、2年制もしくは2年半制の専科（短期大学に相当）を受験する者、高卒学歴で4年制もしくは4年半制の本科（大学学部に相当）を受験する者、専科卒業で本科を受験する者の3種類に区分される。なお、成人高考（成人大学入試）より前に行われる予備試験「成人高考预考 chéngrén gāokǎo yùkǎo」の結果を成人高考（成人大学入試）に加点する地域もある。

〔例〕**成人高考**制度给一些走上社会的人提供了继续学习并获取学历的补偿机会。
Chéngrén gāokǎo zhìdù gěi yī xiē zǒu shàng shèhuì de rén tígōng le jìxù xuéxí bìng huòqǔ xuélì de bǔcháng jīhuì.
成人大学入試制度の実施により、一般の社会の人にも継続学習と学歴取得の機会が与えられた。

中 保送　bǎosòng
日 保送　ほそう

推薦、推薦入学。この言葉は、高校から大学へ推薦入学させる意味のほかに、国や企業が人材や社員を留学させる、大学が海外の大学へ学生を留学させる場合にも使われ、無試験での入学を意味する。大学への推薦入学の対象は、科学オリンピック（主に数学、科学、情報、生物などの分野）における優秀者や大会の優勝者、省レベルのコンテストにおける最優秀者、または外国語の分野で人物、成績ともに優秀で当該年度卒業者総数の20％以内の者が挙げられる。後者の場合は、2008年現在、推薦先となる大学は北京外国語大学、北京語言大学、外交学院、北京第二外国語学院、上海外国語大学、広東外語外貿大学の6大学の外国語学部・学科である。推薦対象校は、天津、石家庄、長春、済南、南京、杭州、厦門、武漢、重慶、鄭州、太原、成都、深圳の外国語学校、上海外国語大学附属高校、広東外国語外国貿易附属高校に限られる。

〔例〕进入11月，个别地区高校2010年**保送**生高校名单公布在"中国教育在线高考频道"网页上。
Jìnrù shíyīyuè, gè bié dìqū gāoxiào èrlíngyīlíng nián bǎosòngshēng gāoxiào míngdān gōngbù zài "Zhōngguó jiàoyù zàixiàn gāokǎo píndào"wǎngyè shàng.
11月になると、2010年の推薦入試実施大学の地域別リストが「中国

入学試験

教育在線高考頻道」（中国教育大学入試チャンネル）のホームページ上に公開される。

🔴 调干生　diàogànshēng
🔵 調干生　ちょうかんせい
企業からの派遣学生。選調生「选调生 xuǎndiàoshēng」ともいう。国営企業・団体・人民解放軍から派遣され、高校や大学で学ぶ者を指す。派遣期間中は給与が保証され、学校卒業後は勤務先に戻る。幹部養成が目的のため、業績優秀で上司の信頼がある者が選ばれるという。また、このほか自ら勤務先の許可を得たうえで離職し、高校や大学に進学する者もいるが、この場合は在学期間中給与が支給されない。

〔例〕调干生分为带薪和不带薪两种，保送者带薪，本人申请获组织批准离职者不带薪。
Diàogànshēng fēnwéi dàixīn hé bùdàixīn liǎngzhǒng, bǎosòngzhě dàixīn, běnrén shēnqǐng huò zǔzhī pīzhǔn lízhízhě bùdàixīn.
調干生には、有給と無給の別がある。職場より推薦された場合には有給となり、自ら離職を申請した場合、無給となる。

🔴 复读　fùdú
🔵 復読　ふくどく
大学不合格者が高校に戻って授業を受けることを指す。「高考落后生 gāokǎo luòhòushēng」「落后考生 luòhòu kǎoshēng」は、日本の「受験浪人」のことで、日本の「仮面浪人」の意味をも含む。なお、類義語の「重读 chóngdú」は、もう一度同じ学校（学年）で勉強するという意味であり、「重读生 chóngdúshēng」は留年生を指す。

〔例〕为了考进理想的大学，有的考生放弃被录取的入学机会而主动选择复读。
Wèile kǎo jìn lǐxiǎng de dàxué, yǒu de kǎoshēng fàngqì bèi lùqǔ de rùxué jīhuì ér zhǔdòng xuǎnzé fùdú.
理想の大学に入学するため、受験生の中には合格した大学の入学許可を放棄して、自ら浪人の道を選択する者もいる。

🔴 直升　zhīshēng
🔵 直昇　ちょくしょう
内部推薦入学。中学から高校、高校から大学、大学から大学院、すべてを指す。内部推薦でも選考は行われ、不合格もありえる。なお、中国語で「直升机 zhíshēngjī」とは「ヘリコプター」のことで、日本では内部推薦による進学を「エスカレーター式」と表現するが、ニュアンスだけでなく、実施方法も異なっている。

〔例〕正式获得免试直升资格的学生，被要求必须与校方签订有关不得办理出国留学手续等承诺书。
Zhèngshì huòdé miǎnshì zhíshēng zīgé de xuésheng, bèi yāoqiú bìxū yǔ xiàofāng qiāndìng yǒuguān bù dé bànlǐ chūguó liúxué shǒuxù děng chéngnuò shū.

正式に試験免除の推薦資格を得た学生は、海外留学手続きをしてはならない等の承諾書を学校と交わさなければならない。

🈔 状元　zhuàngyuán／高考状元　gāokǎo zhuàngyuán
🈂 状元　じょうげん／高考状元　こうこうじょうげん

大学入試での成績最優秀者。もとは隋代に始まった科挙の試験の「进士 jìnshì」（最終試験合格者）の主席合格者の意味。唐の時代の高祖武徳5年（622年）から清の時代の光緒30年（1904年）まで行われた科挙（高等官僚資格試験）では一番の成績の人を「元 yuán」といい、県の試験「乡试 xiāngshì」の一番は「解元 jièyuán」、都市の試験「会试 huìshì」の一番は「会元 huìyuán」、最終試験である「殿试 diànshì」で1位で合格したものを「状元」と呼ぶ。現在では大学入試で全国各省、直轄都市、自治区で各大学入学者の成績最優秀者を「状元」と呼んで名前や写真を公開し、表彰している。近年「状元」を育成する家庭教師も現われて、「状元教育 zhuàngyuán jiàoyù」と呼ばれる受験勉強も流行している。

〔例〕**高考状元**虽然成绩优异，但未必都能成为优秀人才。
Gāokǎo zhuàngyuán suīrán chéngjì yōuyì, dàn wèibì dōu néng chéngwéi yōuxiù réncái.
大学入試の「状元」は成績がずば抜けているが、必ずしもすべての状元が優秀な人材になるとは限らない。

🈔 走后门入学　zǒuhòumén rùxué
🈂 走後門入学　そうこうもん　にゅうがく

裏口入学。「走 zǒu」は歩む、行くの意味で、「走后门 zǒuhòumén」とは、後門すなわち裏口から入ることを指し、正規ではないルートで物事を行う際に使われる。上記単語のほかに、大学入試関連用語に「代考 dàikǎo」、「顶替 dǐngtì」、「枪手 qiāngshǒu」など替玉受験を表す言葉がある。

〔例〕他虽然成绩不好，但却从来没有考虑过通过人情**走后门入学**。
Tā suīrán chéngjì bùhǎo, dàn què cónglái méiyǒu kǎolǜguò tōngguò rénqíng zǒuhòumén rùxué.
彼は成績がよくないが、コネを使って裏口入学しようなどと一度も考えたことがない。

## 奨学金・助学金

🈔 国家助学金　guójiā zhùxuéjīn
🈂 国家助学金　こっか　じょがくきん

国家助学金。返還義務のない支給奨学金。家庭の経済困窮度を主な選考基準としている。支給額は年額1人1,000元〜3,000元、平均2,000元（1元13円の場合約26,000円）である。中国貧困者扶助基金会「中国扶贫基金会 Zhōngguó fúpín jījīnhuì」の2004年の調査では、全

奨学金・助学金

国大学生のうち、貧困学生「贫困生 pínkùnshēng」は20％、極めて貧困な学生「特困生 tèkùnshēng」は10％いるとしている。国家助学金は教育部によると、2007年には約340万人が受給した。国家助学金受給者は、国家奨学金または国家励志奨学金を重複受給できる。国家助学金は、中央教育部直轄の大学は中央国家財政予算から、地方管轄の大学は地方政府予算から捻出される。＊「国家奨学金」「国家励志奨学金」の項目を参照。

[例] 由于家庭收入低，在校期间他一直享受**国家助学金**。

Yóuyú jiātíng shōurù dī, zàixiào qījiān tā yīzhí xiǎngshòu guójiā zhùxuéjīn.

彼は家庭の経済状況が芳しくないので、在学期間中は国家助学金を受け続けることができた。

---

🀄 国家奖学金　guójiā jiǎngxuéjīn
🇯🇵 国家奨学金　こっか しょうがくきん

国家奨学金。返還義務のない支給奨学金。成績、人物ともに突出した者を対象として支給される。対象学生は大学2年生以上、支給額は1人当たり年額8,000元（1元13円の場合約104,000円）である。中央政府の財源による奨学金制度で、2002年設立当時の支給人数は45,000人、そのうち上位10,000人に1人当たり年額6,000元、残りの35,000人に4,000元を支給し、さらに重ねて学費減免も行った。支給総額は2億元にも上った。2005年から学費減免は取り消されるが、国家奨学金の支給人数は増大し、2007年には5万人、支給額は1人当たり年額8,000元となった。各大学への奨学金支給定員は財政部によって分配されるが、特にレベルの高い大学や農林、水産、地質、石油など国が必要とする特殊な学科をもつ大学を対象に傾斜配分されていると聞く。なお、「国家奨学金」受給者は、「国家助学金」を重複受給することはできるが、「国家励志奨学金」は重複受給できない。

[例] 本校今年又有4名品学兼优的同学获得**国家奖学金**。

Běn xiào jīnnián yòu yǒu sì míng pǐnxué jiānyōu de tóngxué huòdé guójiā jiǎngxuéjīn.

本学では、今年も品行と学力ともに優れた4名の学生が国家奨学金を獲得した。

---

🀄 国家励志奖学金　guójiā lìzhì jiǎngxuéjīn
🇯🇵 国家励志奨学金　こっか れいし しょうがくきん

国家励志奨学金。返還義務のない支給奨学金。国家奨学金の次に成績、人物ともに優れ、家庭の経済的困窮度が高い者を対象として選考される。対象となるのは大学2年生以上、支給額は1人当たり年額5,000元（1元13円の場合約65,000円）である。2007年に設立されたもので、支給人数は約50万人である。同じ経済的困窮度で選ばれる「国家助学金」との支給手続の違いをめぐって大学の現場か

ら意見が出ている。なお、「国家励志奨学金」の受給者は「国家助学金」を重複受給できるが、「国家奨学金」は重複受給できない。

〔例〕申请**国家奖学金**和**国家励志奖学金**的同学需要参加申请答辩。
Shēnqǐng guójiā jiǎngxuéjīn hé guójiā lìzhì jiǎngxuéjīn de tóngxué xūyào cānjiā shēnqǐng dábiàn.
国家奨学金と国家励志奨学金に申請した学生は、口頭試問に参加しなければならない。

中 国家助学贷款　guójiā zhùxué dàikuǎn
日 国家助学貸款　こっか じょがくたいかん

国家奨学貸付金。返還義務のある貸与奨学金。国が学習援助を行う教育ローン。1人当たり年額6,000元が上限である。手続きは銀行、大学、学生本人の3者間で行われる。実際には、学生が借りているほかの教育ローンや授業料、寮費や生活費などの状況を鑑みながら大学が貸与額を決める。学費、寮費、生活費補助の一部として借りるが、生活費補助として貸与されている場合は、夏休みなど在学中の長期休暇期間中は対象とされない。担保は学生であることから不要である。返済は卒業後10年以内、分割も可能である。学生が卒業し就職すると大学は本人の連絡先を銀行側に伝える。

[参考] 2009年に制定された規則「高等学校毕业生学费和国家助学贷款代偿暂行办法 gāoděngxuéxiào bìyèshēng xuéfèi hé guójiā zhùxué dàikuǎn dàicháng zànxíng bànfǎ」と「应征入伍服义务兵役高等学校

### 国家奨学金一覧

| 奨(助)学金名 | 国家奨学金 | 国家励志奨学金 | 国家助学金 |
|---|---|---|---|
| 選考基準 | 成績と人格が突出しており、社会活動に取り組み、創造能力に溢れた最も優れた者。 | 家庭の経済的困窮度が高く、かつ成績と人格が優れている者 | 家庭の経済的困窮度の高い者 |
| 給付金額 | 8,000元／年間 | 5,000元／年間 | 2,000元／年間 |
| 対象人数 | 約5万人／年間 | 約50万人／年間 | 約340万人／年間 |
| 備考 | 国家励志奨学金との重複受給は不可。国家助学金との重複受給は可。 | 国家奨学金との重複受給は不可。国家助学金との重複受給は可。 | 1人当たりの給付金額は1,000元から3,000元の範囲内で決定され、2回から3回に分けて支給。 |

－中国教育部ホームページに基づく－

毕业生学费补偿国家助学贷款代偿暂行办法 yìngzhēng rùwǔ fú yìwù bīngyì gāoděngxuéxiào bìyèshēng xuéfèi bǔcháng guójiā zhùxué dàikuǎn dàicháng zànxíng bànfǎ」によると、卒業後中西部と辺境地区へ自らすすんで就職する者と、卒業後兵役に就く者には学費と「国家助学貸款」の返済が免除となる。ただし前者は、3年以上勤務することが義務付けられている。その他の貸付奨学金としては、湖北省、黒龍江省、江蘇省、陝西省、甘粛省、重慶市出身者で月収350元以下の家庭の大学生を対象とする「生源地信用助学貸款 shēngyuándì xìnyòng zhùxué dàikuǎn」などがある。

[例] 拿到**国家助学贷款**的同学，同时也对这项贷款的还款利率感到不安。
Ná dào guójiā zhùxué dàikuǎn de tóngxué, tóngshí yě duì zhè xiàng dàikuǎn de huánkuǎn lìlǜ gǎndào bù'ān.
国家奨学貸付金を受給している学生は、同時に返還利率について不安を感じている。

## 学生生活

**中** 报到 bàodào
**日** 報到 ほうとう

新学期の授業が始まる前に大学に出向き、届け出を行うこと。新入生にとっては入学手続き、在校生にとっては、新学年の手続を意味する。「報到」の時間、場所は大学から指定される。一般的には新学年が始まる直前の8月下旬、所属する学部に出向き手続きすることになっている。新入生の報到を「新生报到 xīnshēng bàodào」という。当日大学構内では、上級生がボランティアで新入生に大学生活や履修に関するアドバイスなどを行っている。このほかガイドブックとして入学に関する事項を説明した「入学须知 rùxué xūzhī」と、手続きに関する事項を説明した「报到注册 bàodào zhùcè」がある。

[例] 9月10日，某大学校园迎来了一批朝气蓬勃的青年学子，这是2009级研究生新生开学**报到**的日子。
Jiǔ yuè shírì, mǒudàxué xiàoyuán yíng láile yīpī zhāoqì péngbó de qīngnián xuézǐ, zhè shì èrlínglíngjiǔjí yánjiūshēng xīnshēng kāixué bàodào de rìzi.
9月10日、とある大学のキャンパスは元気はつらつとした青年学生を迎えた、この日は2009年度大学院入学者の入学手続きの日であった。

**中** 班委会 bānwěihuì／班学生委员会 bānxuéshēng wěiyuánhuì
**日** 班委会 はんいかい／班学生委員会 はんがくせいいいんかい

「班学生委員会」が正式名称。各クラスの委員会で、学生自治会の下部組織である。大学により組織の形態や名称は多少異なるが、クラスごとに以下の委員がいる。班長「班

长 bānzhǎng」、副班長「副班长 fùbānzhǎng」、学習委員「学习委员 xuéxí wěiyuán」、衛生・整理委員「劳动委员 láodòng wěiyuán」、文化娯楽活動委員「文娱委员 wényú wěiyuán」、体育委員「体育委员 tǐyù wěiyuán」、生活委員「生活委员 shēnghuó wěiyuán」などである。班長は日本の高校の学級委員長のような役割を担い、クラス担任教員との連絡と各委員間の取りまとめを行う。学習委員は学習面で教員との橋渡しとなるほか、学習進度が遅い学生のアシストをする。衛生・整理委員は日直「值日生 zhírìshēng」の割り当てや、清掃活動の企画や節電推進などを行う。文化娯楽活動委員・体育委員は全学学生が参加する合唱コンクール、運動大会などの企画を行う。生活委員は食事や健康、宿舎に関する学生からの要求などの取りまとめを行う。

〔例〕经过**班委会**的讨论，今年春游决定去长城。
Jīngguò bānwěihuì de tǎolùn, jīnnián chūnyóu juédìng qù Chángchéng.
クラス委員会で話し合った結果、今年の春の遠足は万里の長城に決定した。

新入生の「報到」の1コマ

学生生活

---

**中** 家教　jiājiào
**日** 家教　かきょう

家庭教師。都市部では大学入試準備のために家庭教師を雇う家庭が増えている。教える教科は英語、数学、国語から美術や音楽まで多岐にわたる。早い時期から英語ネイティブの発音に慣れさせようと、小学生の子供に欧米人を家庭教師として雇う裕福な家庭もでてきている。ちなみに欧米人の家庭教師を「洋家教 yángjiājiào」という。また、中国語を学ぶ外国人留学生が中国人学生を家庭教師として雇うケースもあるが、自分の母国語を学ぶ中国人学生を探し、相互学習「互相学习 hùxiāng xuéxí」で講師料を免除し合うケースのほうが一般的である。出費も抑えられ、友人もでき、一石二鳥であるからだ。家庭教師のアルバイト代の相場は、2008年の北京では、英語や歴史などの科目であれば、学部生は、時給20元から30元、大学院生は30元から50元、大学の教師は60元から100元。音楽や美術などの芸術系の場合は、外国語よりも高いとのことである。

〔例〕很多高等院校都设有**家教**中心指南，为学生提供介绍**家教**工作的多方面信息。
Hěn duō gāoděng yuànxiào dōu shè yǒu jiājiào zhōngxīn zhǐnán, wèi xuésheng tígōng jièshào jiājiào gōngzuò de duō fāngmiàn xìnxī.
多くの高等教育機関では、家庭教師センターが設置され、家庭教師の仕事についてたくさんの情報を学生に提供紹介している。

---

**中** 青年志愿者　qīngnián zhìyuànzhě
**日** 青年志願者　せいねんしがんしゃ

青年ボランティア。中国共産党指導下の先進的青年の大衆組織である共産主義青年団「共产主义青年团 gòngchǎn zhǔyì qīngniántuán」略して共青団「共青团 gòngqīngtuán」が指揮し、大学生などの若者を青年ボランティアとして召集し、夏休みの期間に農村地区あるいは地震や水害などの被災に遭った地域に派遣する。青年ボランティアたちは、僻地やさまざまな条件の厳しい現場で文化・科学技術・衛生の3方面から生活水準を向上させるための活動を行う。なお、ボランティアは、「志愿服务 zhìyuàn fúwù」(志願服務)という。

〔例〕中国**青年志愿者**协会成立于一九九四年十二月五日。
Zhōngguó qīngnián zhìyuànzhě xiéhuì chénglì yú yījiǔjiǔsì nián shí'èr yuè wǔrì.
中国青年ボランティア協会は、1994年12月5日に設立された。

---

**中** 学生会　xuéshēnghuì
**日** 学生会　がくせいかい

学生会。学生の自治組織。学生自治会。学生会の組織は大学によって異なるが、北京のある大学の事例を紹介すると、学生会は10の部門から構成されている。①事務局「办公室 bàngōngshì」、学生会の日常業務処理のほか、物品・経費管理も

学生生活

学生会の宣伝ポスター

行う統括部門、②渉外部「公关部 gōngguānbù」、学内外の諸団体や機関との交渉、折衝を行う、③人事部「人事部 rénshìbù」、学生会に関するきまりや規則を管理・起案するほか、学生会の活動が会規則に書かれた内容に即しているかを確認する、④宣伝部「宣传部 xuānchuánbù」、定期的にニューズレターを発行するなど学内外に向けて学生会の活動内容を広報する、⑤権益部「权益部 quányìbù」、学生から出された学生生活に関する要求や意見をまとめて大学側へ提示する、⑥学業部「学业部 xuéyèbù」、補習授業のアレンジのほか、学業に関わるさまざまなイベントを企画する、⑦文芸部「文艺部 wényìbù」、さまざまな文芸、演芸活動を企画運営し、文芸や演芸に対する意識の向上につとめる、⑧体育部「体育部 tǐyùbù」、スポーツ大会など学生の体力向上を図るイベントを企画、運営し、スポーツを通じての学生の運動能力向上につとめる、⑨文化交流部「文化交流部 wénhuà jiāoliúbù」、学生同士のさまざまな交流活動の企画運営を行う、⑩ニュース部「新闻部 xīnwénbù」、「より高い視点とより広い視野」を理念に、「より質の高い効率的な運営」をめざし、学内最新情報を学内外に広く宣伝する活動を行う。

学生生活

〔例〕她是**学生会**干部，所以课外组织活动很多。
Tā shì xuéshēnghuì gànbù, suǒyǐ kèwài zǔzhī huódòng hěn duō.
彼女は学生会の幹部なので、課外活動が非常に多い。

中 学生社团　xuésheng shètuán
日 学生社団　がくせいしゃだん

サークル、クラブ、同好会など、学生が自主的に行う課外活動団体。一般に、これらの活動に参加する際、クラスや学年、所属大学に制限はなく、必要とされるのは本人の興味と関心であり、また、受身的ではなく能動的な姿勢が求められている。具体的には、学術問題や社会問題をテーマとした研究討論会から、写真同好会、合唱同好会、演劇部、バスケットボール部、サッカー部など、広範囲にわたる。なお、学校の代表として出場するクラブやチームのことは、校隊「校队 xiàoduì」という。

〔例〕大学的**学生社团**活动十分活跃，兴趣广泛的学生可以通过参加社团活动充分发挥自己的业余特长。
Dàxué de xuésheng shètuán huódòng shífēn huóyuè, xìngqù guǎngfàn de xuésheng kěyǐ tōngguò cānjiā shètuán huódòng chōngfèn fāhuī zìjǐ de yèyú tècháng.
大学の課外活動団体の活動は活発

学生社団の勧誘風景

で、幅広い興味をもつ学生が課外活動に参加し、自分の専門外の特技を発揮している。

中 学生文化节　xuésheng wénhuàjié
日 学生文化節　がくせいぶんかさい
学生文化祭、大学祭。学生たちが開催するイベントとしては、パネル展示や模擬店出店、演劇や研究発表などがあるが、それぞれのイベントは学生の専攻に関係していることが多い。例として、心理学部学生による大学生心理健康文化節、外国語学部学生による外国語文化節、芸術系の学部学生による創意文化節、国際関係学部による平和文化節などがある。また、大学によっては新入生が入ってくる9月に新入生歓迎会、12月にクリスマス会など時節に応じたイベントを催すところもある。
[例] 高校中有些院系已经成功地举办过七、八届**学生文化节**。
Gāoxiào zhōng yǒu xiē yuànxì yǐjīng chénggōng de jǔbàn guò qī、bā jiè xuésheng wénhuàjié.
大学のいくつかの学部では、すでに学生文化祭を7、8回成功裏に実施している。

中 辅导员　fǔdǎoyuán
日 補導員　ほどういん
相談員、助言指導する人、メンター。補導員は大学教職員が担当するが、専門の人材を採用する大学もあると聞く。「辅导员 fǔdǎoyuán」は、学生が理想的な国民となり、規範と道徳に長け、社会で役に立つ人材になるための指導を行うのが任務とされている。1980年代から90年代は各クラスの担任教員が、社会主義体制教育と指導を行っていた。現在では、生活指導やメンタルケア、不慣れな団体行動から生じる精神的ストレスなどの問題解決が主な業務となっている。学生の相談内容も、かなりプライベートなことにまで及ぶという。
[例] **辅导员**、班主任是高等学校教师队伍的重要组成部分。
Fǔdǎoyuán、bān zhǔrèn shì gāoděng xuéxiào jiàoshī duìwu de zhòngyào zǔchéng bùfen.
助言指導をする人、クラス責任者は、大学教師陣の重要な構成員である。

中 住校生　zhùxiàoshēng
日 住校生　じゅうこうせい
学内の宿舎、寮に住み学生生活をする者。寄宿生、寮生。中国の大学では基本的に全寮制を敷いている。したがって、一般的に学生は在学期間中、寮で共同生活をして過ごすこととなるが、一部学外（自宅）から通学が認められる学生「走读生 zǒudúshēng」もいる。なお、北京では、かつて複数の友人と部屋を借りて学外で共同生活をすることや、学生が民間の寮に住むことが許された時期があったが、現在は原則として禁止となっている。また、大学から通える距離に自宅があっても、自宅が狭い場合や、親と離れて暮らすことが成長につながるなどの理由で、

寮生活を望む親や学生もいる。

[例] 从周一到周五，**住校生**基本都在校内度过，生活很有规律。
Cóng zhōu yī dào zhōu wǔ, zhùxiàosheng jīběn dōu zài xiàonèi dùguò, shēnghuó hěn yǒu guīlǜ.
寮生は月曜日から金曜日まで、基本的に学内で過ごし、その生活は大変規律正しい。

| 中 | 宿舎 | sùshè |
| 日 | 宿舎 | しゅくしゃ |

寄宿舎、寮。中国の大学生は原則として寮に住み共同生活をしなければならない。寮の各部屋には、共同の学習机のほか各自のロッカーと二段ベッドが配置されており、個人の専有空間はベッドの上だけである。北京のある大学では、学部生は6人部屋、大学院生は4人部屋での共同生活である。学生たちはお互い助け合いながら生活する。試験が近い時などは、寮では集中して勉強できないため、図書館や空き教室などで深夜まで勉強すると聞く。また、この大学の寮費は、2008年9月時点で、年額550元、650元、750元、750元、900元と5段階の価格が設定されていた。地方によって価格や専有面積・設備等の違いはあるものと思われる。

[参考] 外国人留学生は、一般的には中国人学生と同じ寮には住めず、

上海の大学の学生宿舎（4人部屋）

学内にある外国人留学生専用の宿舎に居住する。外国人学生寮は1人部屋または2人部屋となっているのが一般的である。男女を建物、またはフロアで分けている大学がある一方で、混住させている大学もあり、さまざまである。学外の外国人留学生専用の学生寮やマンション、アパートに住むことを許可している大学もあるが、通学する際の交通手段による遅刻や事故、またガス、電気、水道などのインフラに関する問題や、騒音による近隣とのトラブルなどが発生することも多く、外国人にとっては困難が伴う。現地での生活に慣れ、中国語が上達するまで学内に住んだ方が安心である。

[例] **宿舎**基本都在校区内，很多学生骑自行车往返于**宿舎**和教学楼、图书馆和食堂之间。

Sùshè jīběn dōu zài xiàoqū nèi, hěn duō xuésheng qí zìxíngchē wǎngfǎn yú sùshè hé jiàoxuélóu、túshūguǎn hé shítáng zhī jiān.

宿舎は基本的には学校内にあり、多くの学生は自転車に乗って宿舎と教室、図書館、食堂の間を行ったり来たりする。

---

| 中 | 舍监 shèjiān |
|---|---|
| 日 | 舎監 しゃかん |

舎監。寮を監督管理する人。舎監の重要な業務のひとつに、寮を来訪する人の入館チェックがある。寮生は顔見知りのためチェックはしないが、他の寮生が寮に遊びに来た時などは、名前や所属などを入館者リストに記入させて、さらに身分証明書（学生証やパスポート）を預かるなど厳重に管理をする。寮生によると各寮の舎監は担当寮の学生の顔や名前を覚えていて、外で出会った時にも「あなたは〇〇寮にいる人ですよね」と笑顔で話しかけられるとのことで、舎監と寮生の関係は家族的で、中国の大学での寮生活は大変教育的であると思われる。なお、最近では舎監業務をセキュリティー会社などにアウトソーシング「后勤服务 hòuqín fúwù」している大学もある。外国人学生寮にもやはり舎監がおり、同様に入館者を管理し、居住学生の安全を図っている。ただ、文化習慣の違いを配慮してか、中国人学生寮より規則が緩やかであるようだ。

[例] **舍监**的工作职责主要有督导员工清洁宿舍、检查宿舍来访人员和维护宿舍安全卫生等。

Shèjiān de gōngzuò zhízé zhǔyào yǒu dūdǎo yuángōng qīngjié sùshè、jiǎnchá sùshè láifǎng rényuán hé wéihù sùshè ānquán wèishēng děng.

舎監の仕事の職責は、職員の宿舎清掃の監督、宿舎への来訪者のチェックおよび宿舎の安全衛生の維持などである。

## カリキュラム

|中| 基础课　jīchǔkè
|日| 基礎課　きそか

　大学における基礎科目、一般教養科目。中国の大学における教養教育は、「総合的な素質と能力」を養成することが重視されている。その中でも特に「英語」と「コンピュータ」が、どの大学、どの専門分野でも重要視されている。中国の大学のカリキュラムは、たとえば、英語では卒業するまでに国家教育部の実施する大学英語試験「大学英语考试 dàxué Yīngyǔ kǎoshì」で所定の点数を取ること、コンピュータではワード、エクセル、パワーポイント、フラッシュ、フォトグラフなどのソフトが使えることなど、卒業要件として具体的な目標が設定されている点が日本と異なっている。

〔例〕 大学**基础课**是指某一专业中学生要学习掌握的基本理论、基础知识和基本技能的课程。
Dàxué jīchǔkè shì zhǐ mǒu yī zhuānyè zhōng xuésheng yào xuéxí zhǎngwò de jīběn lǐlùn、jīchǔ zhīshi hé jīběn jìnéng de kèchéng.
　大学における基礎科目は、1学科の学生が修得すべき基礎理論、基礎知識と基本技能のカリキュラムである。

学内で行われる「軍訓」の様子

[中] 军训　jūnxùn
[日] 軍訓　ぐんくん

学校における学生の軍事訓練。職場における一般人の軍事訓練もこう呼ぶ。軍事訓練は、同時に政治思想教育を目的としていて、愛国主義、集団主義、革命英雄主義精神の三つを教えることが目標であるため、いわゆる軍事訓練を行っているだけではない。ある大学では、入学後すぐに3～4ヶ月に渡って集団生活の規律などの訓練が行われるが、これも「军训 jūnxùn」に含まれている。銃の使い方や行進の仕方だけでなく、軍隊での規律や集団生活の仕方を学ぶことも軍事訓練である。最近では会社の社員研修として軍事訓練が取り入れられていると聞く。

[例] 目前、高等院校新生入学之后、一般都要接受10天左右的**军训**。
Mùqián, gāoděng yuànxiào xīnshēng rùxué zhī hòu, yībān dōu yào jiēshòu shítiān zuǒyòu de jūnxùn.
現在、高等教育機関の新入生は入学後に、全員が10日程度の軍事訓練を受けることになっている。

## 授業・試験関連

[中] 考试　kǎoshì
[日] 考試　こうし

テスト。「考试 kǎoshì」は筆記式テストであり、「开卷考试 kāijuàn kǎoshì」と「闭卷考试 bìjuàn kǎoshì」がある。「开卷 kāijuàn」は前もって試験のテーマを学生に告げ、学生が書いたものを教員に提出するレポート方式で、「闭卷 bìjuàn」は教科書など持ち込み不可の筆記試験に当たる。一般的に大学の科目テストには期末試験に当たる試験「大考 dàkǎo」と学期中に行われる数回の小テスト「小考 xiǎokǎo」がある。そのほか授業期間中テスト「随堂考试 suítáng kǎoshì」といって、試験期間の2～3週間前の授業中に済ませるテストがある。平常の態度を評価するソ連の教育から導入された「考查 kǎochá」という評価方式もある。なんらかの正当な理由があって試験を欠席「缺考 quēkǎo」した場合は、追加試験「补考 bǔkǎo」を受けることができる。

[例] 实施**考试**的目的，原本是为了学生更好地了解自己的学习水平。
Shíshī kǎoshì de mùdì, yuánběn shì wèile xuésheng gènghǎo de liǎojiě zìjǐ de xuéxí shuǐpíng.
筆記試験の目的は、本来学生自身の学習レベルをよりよく理解させるためのものである。

[中] 百分制　bǎifēnzhì
[日] 百分制　ひゃくぶんせい

成績を百点満点でつける採点方法。大学の成績は「百分制」（100点満点方式）と「等级制 děngjízhì」（優、良、中、可、不可もしくは5、4、3、2、1方式）があるが、100点満点方式でつけられることが多い。テストの点数は中国語で「分数 fēnshù」といい、100点は「满分 mǎnfēn」で、0点は「零分 língfēn」という。60点が合格点となり、60点以上とらなければ、大学

の履修単位「学分 xuéfēn」はもらえない。もし、合格点に達しなければ、科目の再履修「重修 chóng xiū」となる。成績表のことは「成績単 chéngjì dān」という。平均点の出し方は、各科目の成績×単位数の合計したものを総修得単位数で割る方法である。「等級制」であれば、不合格科目を加えればGPA（Grade Point Average）を算出できるので、留学する時の成績換算には便利である。

[例] 本次考试将采用**百分制**，因此及格分数为 60 分。
Běncì kǎoshì jiāng cǎiyòng **bǎifēnzhì**, yīncǐ jígé fēnshù wéi liùshí fēn.

今回の試験は 100 点満点方式をとるので、合格点は 60 点である。

🀄 评定表　píngdìngbiǎo
🇯 評定表　ひょうていひょう
テストの成績以外の別の評価（素行点や態度点など）を載せる評価表。大学生の評価も高校までの生徒と同様、単にテストの成績だけで評価するわけではない。他に「操行 cāoxíng」といって、学生の大学での素行や態度、いわゆる平常点「日常表現 rìcháng biǎoxiàn」も評価の対象となる。特に、授業の出欠「考勤 kǎoqín」のチェックは常に行われ、学生が授業をさぼることについてはとても厳しい。

### コラム　目の体操──授業の合間の体操

　中国の小学校、中学校、高校では、勉強とともに体操が重視されている。1日におけるいろいろな体操を紹介しよう。まずは、「朝の運動」「晨练 chén liàn」。これは、学校が始まる前に自主的に行う運動である。運動をした後、屋台で友人と一緒に朝ごはんを食べてから学校へ行く生徒もいるようだ。朝、屋台に行ってみるとジャージ姿の生徒をよく見かける。
　次は授業の2時間目「第二节 dì'èrjié」が終わった後に行う「中休み体操」「课间操 kè jiāncāo」。約 15 分から 20 分間体操を行う。大学でも以前行っていたが、90 年代からやらなくなった。最後の体操は、午後の4時頃に行う 15 分間の「目の体操」「眼保健操 yǎnbǎo jiàncāo」である。この「目の体操」は 2009 年の改訂版によると、以下の五つの動作に分かれている。①耳たぶにあるツボを両手の親指と人差し指で挟み押して揉む。②こめかみを両手の親指で押してもみ、目の周りをこするようにする。③目の下の真ん中あたりのツボを両手の人差し指で押して揉む。あまり広い範囲で揉まない。④首の後ろのくぼんだ辺りの両側のツボを両手の人差し指と中指で押して揉む。⑤両手のすべての指を使って頭の中央を髪の生え際から首の後ろあたりまで7箇所ぐらいを押す。この体操をすることにより、目の疲れをとり、また効

授業・試験関連

率よく勉強ができるということなのであろう。

また、朝が早いせいか、小学校、中学校、高校では昼休みを長くとる。2時間ぐらいはあり、生徒はこの時間を利用して昼寝をすることが多い。しかし、2000年以降あたりから、特に大都市の小学校では、昼休みを短縮するところが増えてきた。昼食はたいてい40分ぐらいで終え、その後は、教室の自分の机の上にうつ伏せになって休むだけというのが多くなってきた。

大学でも90年代までは昼休みは2時間あり、ほとんどの学生は寮で昼寝をしていた。教職員も昼ごはんを家まで食べに帰り、食後少し昼寝をしてから再び職場にもどるのが普通であった。当時はほとんどの教職員は大学構内の宿舎に住んでおり、行き来するのにそんなに時間がかからなかった。しかし、今は大学構内の宿舎は限られてきており、大学から遠い所に住んでいる教職員がずいぶん増えた。

ある寄宿制中学校1年生の1日のスケジュール表

| 初一作息时间安排（中1の勉強と休憩のスケジュール）<br>（2008-09～2009-01） ||
|---|---|
| 06：30 | 起床・洗漱（洗顔、歯磨き）（20分間） |
| 06：50～07：20 | 早餐（朝ごはん） |
| 07：20～07：50 | 早课（朝の授業） |
| 08：00～08：40 | 第一节（1時間目） |
| 08：50～09：30 | 第二节（2時間目） |
| 09：30～09：50 | 课间操（中休み体操） |
| 09：50～10：30 | 第三节（3時間目） |
| 10：40～11：20 | 第四节（4時間目） |
| 11：30～12：10 | 第五节（5時間目） |
| 12：10～14：40 | 午餐、午休（昼ごはん、昼寝） |
| 14：00～14：20 | 起床 |
| 14：20～14：40 | 读报（新聞講読） |
| 14：45～15：25 | 第六节（6時間目） |
| 15：35～16：15 | 第七节（7時間目） |
| 16：15～16：30 | 眼保健操（目の体操） |
| 16：30～17：10 | 第八节（8時間目） |
| 17：20～18：00 | 第九节（自由活動）（自由活動） |
| 18：00～18：50 | 晚餐（晩ごはん） |
| 18：50～19：30 | 晚课（夜の授業） |
| 19：40～20：40 | 晚自习1（夜の自習1） |
| 20：50～21：50 | 晚自习2（夜の自習2） |
| 22：40 | 熄灯（消灯） |

現在、大学では授業の合間の体操や昼寝がなくなってきている。改革開放後、経済成長とともに忙しくなり、生活時間にゆとりがなくなってきたことが大きな理由なのではないだろうか。

〔例〕学校将根据学生的平时表现填写学生**评定表**，对学生进行综合评价。
Xuéxiào jiāng gēnjù xuésheng de píngshí biǎoxiàn tiánxiě xuésheng píngdìngbiǎo, duì xuésheng jìnxíng zōnghé píngjià.
学校は学生の普段の態度に基づき、評定表を作成し、総合評価を行う。

🀄 出榜　chūbǎng
🇯 出榜　しゅつぼう

試験の合格者や成績優秀者の名前を掲示板に掲示すること。表彰者や大規模試験の合格者の名前を掲示することを、中国語で「出榜 chūbǎng」「发榜 fābǎng」「揭榜 jiēbǎng」という。例として、全国大学入学統一試験「高考 gāokǎo」（「高考」の項目参照）や、大学院入試試験（「考研」の項目参照）の合格者の掲示などがある。合格者から外れ、名前が掲示されないことを「落榜 luò bǎng」という。しかし、最近はインターネット上で受験番号や氏名を入力すれば結果がわかるようになっているので、受験者はインターネットを利用することが多い。

〔例〕高考成绩**出榜**了，考生们有人欢喜有人忧。
Gāokǎo chéngjì chūbǎng le, kǎoshēngmen yǒu rén huānxǐ yǒu rén yōu.
大学入試の成績が発表された、受験生のある者は喜び、ある者は憂鬱になった。

## 優等生・エリート

🀄 尖子学生　jiānzi xuésheng
🇯 尖子学生　せんしがくせい

優等生。中国語の「尖」は「大」の上に「小」と書くことから、先が尖っている、先端、という意味である。「尖子」は、新進気鋭の人材という意味であるが、それから変化して優等生として使われるようになった。反対の劣等生は「差生 chàshēng」という。「差」というのは、何かが足りないというのが語源で、劣っているというよりも表現的には柔らかい。ちなみにエリートのことは、「拔尖人才 bájiān réncái」または「精英 jīngyīng」という。

〔例〕他不愧是班里的**尖子学生**，每次考试成绩都在前三名。
Tā búkuì shì bānlǐ de jiānzi xuésheng, měicì kǎoshì chéngjì dōu zài qián sān míng.
彼はクラスの優等生だけのことはあり、毎回の筆記試験の成績は3番以内である。

🀄 才华出众　cáihuá chūzhòng
🇯 才華出衆　さいかしゅっしゅう

才能が人並み外れて抜きん出ていること。中国語には優秀な人を表す四字熟語が多い。上に挙げたもののほかに、品行も学力も優れた人を表す「品学兼优 pǐn xué jiān yōu」や日本語でもおなじみの才徳兼備を表す「德才兼备 décái jiānbèi」（語順は逆になる）などがある。大人の会話には子供が

勉強好きであるという「好学 hàoxué」という言葉は日常的に使われ、反対の勉強嫌いという「厌学 yànxué」という言葉はあまり使われない。どの国でも勉強嫌いの子供はいるはずであるが、中国人はマイナス面を言わないことで才能を伸ばすという人材育成の指針があるのではなかろうか。

〔例〕他**才华出众**, 毕业求职时受到多家公司的青睐。
Tā cáihuá chūzhòng, bìyè qiúzhí shí shòudào duōjiā gōngsī de qīnglài.
彼は人並み外れた才能があるので、卒業求職時にたくさんの会社から引っ張りだこであった。

中 三好学生　sānhǎo xuésheng
日 三好学生　さんこうがくせい
思想・学習・健康ともに優れている学生。中国語で、「思想好 sīxiǎng hǎo」「学习好 xuéxí hǎo」、「身体好 shēntǐ hǎo」。思想がよいというと、政治思想的なイメージがあるが、具体的には品行方正、規律を守る、礼儀正しいなどのことで、そして勉強ができ、身体が健康である、この三つの「好」（良いところ）を備えている生徒のことをいう。社会主義中国になってからできた言葉で、下は小学校から上は高校まで、優秀な生徒を形容する言葉として一貫して使われている。「三好学生」には区レベル、市レベル、省レベルがある。市や省レベルになると、上の学校に上がる時のテストの点に加算されるような優遇措置もあり（大学入試でも有利）、当然のことながら親は子供が「三好学生」になることを強く願う。なお、近年「素質教育」が見直され、ほかの二つが加わって「五好 wǔhǎo」が求められている。（「素質教育」の項目参照）

〔例〕他初中和高中的时候, 一直都是**三好学生**。
Tā chūzhōng hé gāozhōng de shíhou, yīzhí dōushì sānhǎo xuésheng.
彼は、中学高校ともにずっと「三好学生」であった。

## 不正行為・非行

中 考试作弊　kǎoshì zuòbì
日 考试作弊　こうしさくへい
試験でカンニングをすること。近年、中国の大学では試験のカンニングが増えている。大学生の増加に伴う学生のモラルの低下によるものである。ある大学では、一般教養科目においてカンニングが多く、専門科目では少ない。理由は、一般教養科目は受験人数が多く、試験監督が厳密に行われず、一方専門科目は受験人数も少なく、試験監督も厳しいからだと聞く。しかし、期末試験でカンニングをして発見された場合には、厳格な措置がとられている。上海のある大学では、カンニングした学生に対しては、受験した全科目を0点としたうえで退学処分にすると聞く。なお、カンニング用のメモは中国語で「小抄 xiǎochāo」という。

〔例〕即使学习不好**考试**也不能**作弊**。
Jíshǐ xuéxí bù hǎo kǎoshì yě bù

néng zuòbì.
勉強ができないからといって試験でカンニングしてはならない。

中 旷课　kuàngkè／逃课　táokè／逃学　táoxué
日 曠課　こうか／逃課　とうか／逃学　とうがく

授業をさぼる。無断欠席すること。正当な理由がない授業無断欠席「无故旷课 wúgù kuàngkè」のことをいう。中国の大学では授業をさぼると厳しい処分を受ける。たとえば、20 コマ（1 コマ 50 分）さぼると警告「警告 jǐnggào」、40 コマ以上さぼると謹慎「留校察看 liúxiào chákàn」になる。なお、授業の早退「早退 zǎotuì」、遅刻「迟到 chídào」、宿題の未提出などに対しても厳しく、これらは学生の生活態度評価に直結する。また、学校への届出や正当な理由もなく欠席が続くと、5 日以内で「警告 jǐnggào」、10 日以上は謹慎「留校察看 liúxiào chákàn」となる。外国人留学生のさぼり「旷课 kuàngkè」に対しては、過去にはかなり寛容な扱いであったと聞くが、いまは中国人学生との公平さを重視して特別な扱いはない。なお、不登校の意

**コラム キャンパスソング**

1960 年代から 70 年代に日本で流行ったフォークグループの歌が 1970 年代に台湾でキャンパスソングとして歌われるようになり、それが 1980 年代に大陸に伝わってきた。当時の流行歌が同世代の共通の思いを連想させる。これが「校园歌曲 xiàoyuán gēqǔ」、すなわちキャンパスソングである。その後、学校にちなんだ曲や、在学生のみならず卒業生にも大学生活を彷彿させるような流行歌も含まれるようになった。「校园歌曲」で代表的な曲として、「罗大佑 Luó Dàyòu」が歌った「童年 Tóngnián」や「叶佳修 Yè Jiāxiū」が作詞した「踏着夕阳归去 Tàzhe xīyáng guīqù」「外婆的澎湖湾 Wàipó de pénghú wān」などがある。

その後、中国でも 1990 年代後半から音楽産業と IT の急速な進化により若者が好む音楽も多様化した。その結果、2000 年以降の大学生にとってこの校园歌曲は「なつメロ」となった

以下の曲は、中国で流行した日本の歌謡曲の一例である。中国でも流行した歌を覚えておけば、中国人と一緒に中国語と日本語で歌えるかもしれない。

「北国之春 Běiguó zhī chūn」（北国の春）、「我只在乎你 Wǒ zhǐ zàihu nǐ」（時の流れに身を任せ）、「很爱很爱你 Hěn ài hěn ài nǐ」（長い間）、「每天爱你多一些 Měitiān ài nǐ duō yìxiē」（真夏の果実）。

味の言葉で逃学「逃学 táoxué」がある。学校をサボる、学業を怠けるという意味もあるが、中国の急速な大学進学率の上昇とともに、北京、上海などでは、就職や将来について悩みを持つ学生が増加し、ノイローゼ「神経症（病）shénjīngzhèng (bìng)」などによる不登校も増加していると聞く。

[例] 他总是**旷课**，结果对学习成绩构成了严重影响。
Tā zǒng shì kuàngkè, jiéguǒ duì xuéxí chéngjì gòuchéngle yánzhòng yīngxiǎng.
彼はいつも授業をさぼっていたので、学習成績は惨憺たる結果であった。

---

**中** 失足青少年　shīzú qīngshàonián
**日** 失足青少年　しっそく　せいしょうねん

非行青少年。「失足」は、足を踏みはずすの意味。非行青少年は、1978年の改革・開放以前には、農民、職工、無職の青少年の割合が大きかったが、特に1992年からの社会主義市場経済以降は、非行青少年の問題が大きくクローズアップされるようになった。それは、在学生徒の比率が高まってきている点にある。そして非行青少年の増加は当然のごとく青少年犯罪の増加につながっている。なお、日本の少年法の定義では20歳未満が「少年」で、「青年」については定義がなく、何歳から何歳までというものはない。したがって、「失足青少年」は、日本語では「非行少年」と翻訳されることがある。

[例] 由于他对法律的无知而犯下罪行，高中时沦为**失足青少年**。
Yóuyú tā duì fǎlǜ de wúzhī ér fàn xià zuìxíng, gāozhōng shí lúnwéi shīzú qīngshàonián.
彼は法律に無知で罪を犯し、高校時代に非行少年に成り果てた。

---

### 学籍異動

**中** 退学　tuìxué／开除学籍　kāichú xuéjí
**日** 退学　たいがく／開除学籍　かいじょがくせき

退学、除籍。国の法律や大学の規則に違反した学生が大学から受ける処分「处分 chǔfèn」のひとつ。大学によって処分の呼称は異なるが、一般的には次のようなものがある。基本的には日本と似通っている。軽い処分から挙げると、警告「警告 jǐnggào」、厳重警告「严重警告 yánzhòng jǐnggào」、過失記録「记过 jìguò」、謹慎「留校察看 liúxiào chákàn」、除籍「开除学籍 kāichú xuéjí」、強制退学「勒令退学 lè lìng tuìxué」となる。謹慎は、日本では自宅謹慎で授業を受けることができないが、中国の謹慎「留校察看 liúxiào chákàn」は、大学の監視下で授業を受けることができる。日本と同様に一定期間を経ればこの処分は解除される。カンニングした場合は、その罰の重さにより警告「警告 jǐnggào」から除籍「开除学籍

学籍異動

kāichú xuéjí」処分となる。また、履修した科目をたくさん落とした場合「挂科 guàkē」や論文盗作「论文抄袭 lùnwén chāoxí」は、除籍「开除学籍 kāichú xuéjí」処分となる。日本では履修した科目をいくら落としても処分にはつながらない点で中国とは異なる。

〔例〕新的学籍管理规定, 体现出以人为本的理念, 取消学生留校察看、勒令**退学**、**开除学籍**等处分。
Xīn de xuéjí guǎnlǐ guīdìng, tǐxiàn chū yǐ rén wéi běn de lǐniàn, qǔxiāo xuésheng liúxiào chákàn、lèlìng tuìxué、kāichú xuéjí děng chǔfēn.
新しい学籍管理規定は、人間本位の理念が貫かれ、その中には学生の謹慎、強制退学、除籍等の処分取り消しが含まれる。

中 留级　liújí
日 留級　りゅうきゅう

留年すること。日本と同様、成績が悪く単位がとれない学生は留年となる。中国では小学校や中学校での留年も珍しくない。この点は日本と異なる。しかしながら、最近は義務教育の9年間（小学校6年間、中学校3年間）は留年させないという方針がとられるようになり、特に小学生の留年はなくなりつつある。留年した場合、高校では、大学進学の選抜の際、入試成績以外の「档案 dàng'àn」（「档案」の項目参照）による選考に影響し、大学でも同様に就職に影響を与えると考えられる。ちなみに、「留级 liújí」の反対の進級は「升级 shēngjí」という。

〔例〕他因为考试不及格**留级**了。
Tā yīnwèi kǎoshì bù jígé liújí le.
彼は、試験が不合格で留年になってしまった。

中 休学　xiūxué
日 休学　きゅうがく

休学。日本の休学と同じ意味である。中国の大学では学生の都合だけでは簡単に休学できない。何かのやむを得ない事情や病気などが理由で、学校が認めた場合に限って休学が可能となる。その場合、学籍保留「保留学籍 bǎoliú xuéjí」になる。復学「复学 fùxué」は審査を経て行われるが、大学によっては、復学する際に学力テストを課す大学もある。近年、海外の大学との協定による交換留学や、その他の留学が盛んになり、「保留学籍」も緩和されるようになった。留学の場合は、休学しても4年間で卒業できると聞く。

〔例〕大学第二年, 他由于自身的健康原因不得不**休学**一年。
Dàxué dì'èrnián, tā yóuyú zìshēn de jiànkāng yuányīn bùdébù xiūxué yīnián.
大学2年生の時、彼は自分の病気のためやむをえず1年間休学した。

中 肄业　yìyè／辍学　chuòxué
日 肄業　いぎょう／輟学　てつがく

中途退学。話し言葉では「辍学 chuòxué」がよく使われる。1年以上在学して退学すると、大学から中途退学証明書「肄业证书 yìyè zhèngshū」が発行される。また、中国語の停学「停

学 tíngxué」の意味は「大学で勉強することを止める」という意味であるため、日本の停学という処分の意味にはならない。すなわちこれも中途退学の意味になる。なお、卒業は、畢業「毕业 bìyè」で、短期研修などの修了は、結業「结业 jiéyè」という。

[例] 由于他在大学没有好好学习，因此只拿到了**肄业**证书。

Yóuyú tā zài dàxué méiyǒu hǎohāor xuéxí, yīncǐ zhǐ ná dào le yìyè zhèngshū.

彼は大学でしっかりと勉強しなかったので、中途退学証明書しかもらえなかった。

### 資格・検定試験

中 大学英语考试　dàxué Yīngyǔ kǎoshì

日 大学英語考試　だいがく えいごこうし

大学英語試験。中国の大学生を対象とした全国レベルの英語認定試験。英語でCET（College English Test の略称）という。教育部の高等教育司が「全国大学英语四六级考试委员会 quánguó dàxué Yīngyǔ sìliùjí kǎoshì wěiyuánhuì」に委託し実施している。試験の種類は、大学英語4級（CET-4）と大学英語6級（CET-6）の2種類があり、レベルは6級のほうが高い。試験は毎年2回実施される。教育部はこの試験に関してリスニングと会話に力点を置いた英語総合応用能力を重視する試験を合否判定式ではなく実力点数表示方式にするなどの「改革」を行った。その結果、2007年からの試験内容は、リスニング、読解、文章穴埋めまたは誤文訂正、英作文・中文英訳の四つで、選択形式のほか筆記形式も追加された。この試験結果をもって大学生が就職活動の際に英語力をアピールできる点数は、4級では600点以上、6級では500点以上で、日本の英検1級レベル以上だと聞く。このほかに、英語専攻の学生を対象に、2年生までに学ぶ範囲の英語専攻四級「英语专业四级 Yīngyǔ zhuānyè sìjí 英語名 Test for English major band 4。（略称TEM4）」と、4年生を対象にした英語専攻八級「英语专业八级 Yīngyǔ zhuānyè bājí 英語名 Test for English major band 8。（略称TEM8）」が実施されている。なお、2009年6月より大学日本語4級、6級試験「大学日语四级考试和大学日语六级考试 dàxué Rìyǔ sìjí kǎoshì hé dàxué Rìyǔ liùjí kǎoshì」が開始されている。教育部では4級は日本語能力検定試験4級に相当するレベルと説明している。

[例] 校内英语社团组织经常举行"如何应对**大学英语考试**"的系列讲座。

Xiào nèi Yīngyǔ shètuán zǔzhī jīngcháng jǔxíng"rúhé yìngduì dàxué Yīngyǔ kǎoshì"de xìliè jiǎngzuò.

学内の英語クラブは、「大学英語試験対策をどうするか」という連続

資格・検定試験

講座をよく開催する。

🀄 托福　tuōfú
🇯🇵 托福　たくふく
TOEFL。中国語の発音は「トゥオフ」。中国独自の大学英語試験「大学英语考试 dàxué Yīngyǔ kǎoshì」（「大学英語考試」の項目参照）のほか、TOEIC「托业 tuōyè」、IELTS (International English Language Testing System)「雅思 yǎsī」、ケンブリッジ英検 (Cambridge ESOL)「剑桥商务英语考试 Jiànqiáo shāngwù Yīngyǔ kǎoshì」などが実施されている。また、英語学習熱に乗じて認定試験対策を行う学習塾「补习班 bǔxíbān」も盛んである。必要な授業のみ受講する方式が人気を集めており、授業時間数によって受講料「按课时收费 àn kèshí shōufèi」が徴収されている。英語をはじめ各種資格の認定試験「认证考试 rènzhèng kǎoshì」がある。日本と同様に中国でも就職に際して役立つことを目的とした試験が増加している。数多くある認定試験の中でも、英語に関する資格試験が最も多く、受験者も多い。

[例] **托福**考试主要是用于评估本族语为非英语人员的英语水平。
Tuōfú kǎoshì zhǔyào shì yòng yú pínggū běnzúyǔ wéi fēiYīngyǔ rényuán de Yīngyǔ shuǐpíng.
TOEFL の試験は、主として母語が非英語である人の英語レベルを評価するのに用いられている。

🀄 汉语作为外语教学能力考试
Hànyǔ zuòwéi wàiyǔ jiàoxué nénglì kǎoshì
🇯🇵 漢語作為外語教学能力考試　かんごさくい　がいごきょうがく　のうりょくこうし
中国語を外国語として教える能力を測る資格試験、外国語としての中国語教育能力試験（日本語の「日本語教育能力試験」のようなもの）。2～3年制課程の大学専科または単科大学を修了した学歴「大专学历 dàzhuān xuélì」以上の者に受験資格がある。中級試験と上級試験がある。中級試験の科目は現代中国語（90分）、外国語としての中国語教育理論（90分）、中国文化基礎知識（60分）である。上級試験科目は現代中国語及び古代中国語（120分）、言語学及び外国語としての中国語教育理論（120分）、中国文化（120分）である。ただし、対外中国語教育専攻の学部卒業生と大学院修了生に対しては、一部の試験が免除されている。

[例] 他考取**汉语作为外语教学能力考试**资格以后，去美国教中文了。
Tā kǎoqǔ Hànyǔ zuòwéi wàiyǔ jiàoxué nénglì kǎoshì zīgé yǐhòu, qù Měiguó jiāo Zhōngwén le.
彼は外国語としての中国語教育能力資格試験に合格したのち、米国に行き中国語を教えている。

## 就職

| | |
|---|---|
| 中 | 实习　shíxí |
| 日 | 実習　じっしゅう |

実習すること。インターンシップ。最近、中国の大学でも大学の休み期間もしくは授業期間中に企業などでインターンシップを行うことが盛んになっている。インターンシップに参加する学生のことを「实习生 shíxíshēng」という。一般的には「实习」は授業科目の単位を与えられないケースが多いが、企業からインターンシップに参加したという証明書「实习证明 shíxí zhèngmíng」が発行される。このインターンシップを活用し、就

### コラム　インターンシップ――社会実践教育

　中国の大学生の社会実践教育ではさまざまなことが行われている。ここでは、上海の某大学の例を紹介しよう。まず、入学したらすぐに1年生は軍事訓練「军训 jūnxùn」を受ける。これは2週間程続く。大学によっては軍人を大学に招き学内で行うため、9月新学期の最初、学内は迷彩服を着た1年生であふれている。そのため、1年生の授業始まりは他学年に比べて遅くなる。次は、公益労働「公益劳动 gōngyì láodòng」である。これは、教室の掃除や寮の掃除などを指す。小中学生なら町の清掃活動も入ってくる。しかし、現在、多くの大学の清掃業務や寮の管理はアウトソーシングされており、この活動は頻繁には行われてはいないようだ。またアルバイト「勤工助学 qíngōng zhùxué」も実践教育の一環である。これは、経済的に苦しい学生に対して大学が斡旋しキャンパス内で行うもので、たとえば、図書館、食堂、売店などでのアルバイトである。そして、4年生になると就職希望の学生はインターンシップに参加するが、その事前の実習オリエンテーション「岗前培训 gǎngqián péixùn」も実践教育である。これは、現在は受入れ先企業や機関から人が来て行っている。そして最後の実践教育としてインターンシップ「见习 jiànxí」（見習い）あるいは「实习 shíxí」（実習）がある。

　これらの社会実践教育は中国の大学では、実施されるだけではなく、きちんと評価されている。そしてその評価者は教員以外である。たとえば、軍事訓練は軍によって、公益労働は学生の指導員「辅导员 fǔdǎoyuán」によって、アルバイトはそれぞれの雇用部署によって、オリエンテーションは評価ではないが、学内のキャリアセンターのような部署がオリエンテーションの内容をきちんと記録する。そしてインターンシップは学生が確かにインターンシップを行ったということも証明されるなど、授業以外の社会実践活動が教員以外によって評価され記録される。またこれらの社会実践教育活動の内容が冊子にまとめられ、新入生に配布されている。

就職活動を有利に進める学生もいる。
[例] 作为学生，参加**实习**有助于工作经验的积累。
Zuòwéi xuésheng, cānjiā shíxí yǒuzhù yú gōngzuò jīngyàn de jīlěi.
学生ならば、インターンシップに参加し、実務経験の蓄積に役立てよう。

🀄 就业　jiùyè
🇯 就職　しゅうしょく
就職。1990年前後まで大学生の就職先は国が卒業生を各職場に割り振っていた。当時これを「分配 fēn pèi」といった。いまはこの言葉は予算の分配といった意味で使われることの方が多い。1990年代以降、労働市場の形成により、各職場「公司 gōngsī」「集団 jítuán」「単位 dānwèi」「企業 qǐyè」などの人事担当者と学生が直接接触し、採用を決める方式となった。職場はそれぞれが希望する学生を、学生はそれぞれが希望する職場と仕事を見つけたいと思うようになり、国もまたそれを支持するようになった。また90年代に起業した者は個人経営者「个体户 gètǐhù」と呼ばれ、国による給与や福祉の保証がないことが大きな不安材料となっていたが、現在ではそのようなことはない。就職難から卒業後自分で起業する「自主創業 zìzhǔ chuàngyè」学生も少なくない。また、イメージ的にあまり良くなかった「个体户」という言葉は現在「个体経営 gètǐ jīngyíng」や「个体工商户 gètǐ gōngshānghù」という言葉に代わ

っている。
[例] 大学生到了3年级，就得开始考虑**就业**的新问题了。
Dàxuéshēng dàole sān niánjí, jiù děi kāishǐ kǎolǜ jiùyè de xīn wèntí le.
大学生は3年に進むと、すぐに就職という新しい問題を考え始めなければならない。

🀄 供需见面　gōngxū jiànmiàn／双向选择　shuāngxiàng xuǎnzé
🇯 供需見面　こうじゅけんめん／双向選択　そうこうせんたく
各職場「公司 gōngsī」「集団 jítuán」「単位 dānwèi」「企業 qǐyè」などの人事担当者が大学に来るなどして、直接学生と会い、双方の合意で就職を決めること。就職活動を始めるのは、日本と同様に学部生であれば3年生から、大学院生は2年生（通常修士課程は3年間のため）からである。社会の発展のスピードを追い越して大学の進学率が上がったため、大卒者が需要を超えている。そのため、これまでの大学卒業者と比べて、ふさわしい仕事に就けないのが現実である。かつて「分配」（「就业」の項目参照）の時代も一部のエリートを除き、大学で修めた専門が仕事の内容と一致しない「专业不对口 zhuānyè bùduìkǒu」があったが、今は大学生の量的拡大と産業構造の変化から、自分の専門が活かせる職業につくことは現実的に難しいことから、学生自身も専門と仕事について柔軟な考えを持つように変わってきている。図1、様式1を参照。

〔例〕市人事局特为毕业生举办**供需见面会**，为公司和学生提供了**双向选择**的机会。
Shì rénshìjú tè wèi bìyèshēng jǔbàn gōngxū jiànmiànhuì, wèi gōngsī hé xuésheng tígōngle shuāngxiàng xuǎnzé de jīhuì.
市の人事局が卒業生のために企業面談会を開催し、企業と学生の双方に選択の機会を与えた。

中 招聘会　zhāopìnhuì
日 招聘会　しょうへいかい
大学で企業を招いて開催される就職説明会。企業セミナー。日本で行われている卒業予定者を対象に開かれる企業の就職説明会と同じやり方である。多くの企業がブースを設け、そこで大学生が面接を申込み、自分を売り込むといった形で企業と学生がお見合いする。これを「招聘会」、または、「双选会 shuāngxuǎnhuì」という。近年、実力主義を重視し、学歴不問「不看学历 bùkàn xuélì」で有能な人材を採用しようとする企業も出てきた。なお、職業斡旋は「职业介绍 zhíyè jièshào」、「职介 zhíjiè」という。

〔例〕学校在体育馆举办应届毕业生**招聘会**，邀请近百家用人单位前来与毕业生见面。
Xuéxiào zài tǐyùguǎn jǔbàn yīngjiè bìyèshēng zhāopìnhuì, yāoqǐng jìnbǎijiā yòngrén dānwèi qiánlái yǔ bìyèshēng jiànmiàn.
学校は、新卒者の就職説明会を体育館で開催し、招請した約100の会社が求人にやってきて、卒業生を面接した。

中 就业指导中心　jiùyè zhǐdǎo zhōngxīn
日 就職指導中心　しゅうしょくしどうちゅうしん
キャリアセンター、就職部。90年代後半から中国の大学では政府の指導により学生の就職支援を行うキャリアセンター「就业指导中心 jiùyè zhǐdǎo zhōngxīn」を学内に設けるようになった。キャリアセンターの仕事は、学生に対して就職の情報提供を行ったり、10月から11月にかけて学内で企業を招いた就職セミナー「招聘会」（「招聘会」の項目参照）を開催することなどである。また就職が決まった場合は、本人・職場・大学の三者で協定を交わす三方協議書「三方协议书 sānfāng xiéyìshū」を作成したりする。

〔例〕校内**就业指导中心**积极为学生提供良好的就业服务。
Xiào nèi jiùyè zhǐdǎo zhōngxīn jījí wèi xuésheng tígōng liánghǎo de jiùyè fúwù.
学内のキャリアセンターは、学生のために優れた就職サービスを積極的に提供している。

中 档案　dàng'àn
日 檔案　とうあん
保存書類。主として個人情報ファイルを指す。個人檔案「个人档案 gèrén dàng'àn」、人事檔案「人事档案 rénshì dàng'àn」の略称。個人の身

就職　　　　　　　　　　　　32

(図1)

北京の大学の就職業務フローチャート

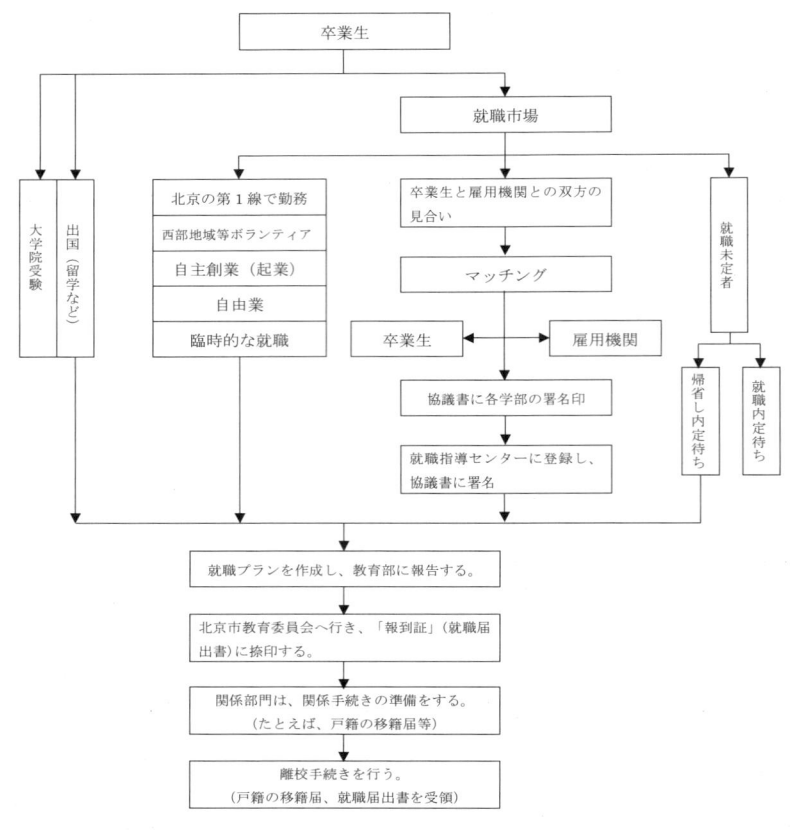

```
                          卒業生
           ┌────────────┬──┴───────────────┐
           │            │              就職市場
           │            │       ┌──────────┼──────────────┐
     ┌─┬─┬─┤     ┌──────┴──┐ 卒業生と雇用機関との双方の   就職未定者
     │ │ │ │     │北京の第1線で勤務│      見合い              │
     大 出 │ │     │西部地域等ボランティア│                        │
     学 国 │ │     │自主創業（起業）│    マッチング            │
     院 （ │ │     │ 自由業   │                              │
     受 留 │ │     │臨時的な就職│   卒業生 ←→ 雇用機関    │
     験 学 │ │     └──────────┘                              │
        な │ │                        │                    │
        ど │ │                 協議書に各学部の署名印       │
           │ │                        │                    │
           │ │                 就職指導センターに登録し、  │
           │ │                 協議書に署名                │
           │ │                        │        帰省し内定待ち
           │ │                        │        就職内定待ち
           ▼ ▼                        ▼
                就職プランを作成し、教育部に報告する。
                          │
                北京市教育委員会へ行き、「報到証」（就職届
                出書）に捺印する。
                          │
                関係部門は、関係手続きの準備をする。
                     （たとえば、戸籍の移籍届等）
                          │
                離校手続きを行う。
                （戸籍の移籍届、就職届出書を受領）
```

＜北京の大学の「2008年卒業生就職の手引き」から修正作成＞

(様式1)

## 全国全日制高等教育機関卒業生就職合意書

<table>
<tr><td rowspan="6">卒業生情報及び意見</td><td>氏　名</td><td></td><td>学籍番号</td><td></td><td>性　別</td><td></td><td>生年月日</td><td></td></tr>
<tr><td>政治状態</td><td>(党員等)</td><td>婚姻状況</td><td></td><td>健康状態</td><td></td><td>卒業時期</td><td>年　　月</td></tr>
<tr><td>専門分野</td><td></td><td>学歴(本科/専科等)</td><td></td><td>学　制<br>(4年制等)</td><td></td><td>出身地</td><td>(自宅所在省市)</td></tr>
<tr><td>自宅住所</td><td colspan="4">(戸籍上の住所)</td><td>連絡先電話</td><td></td></tr>
<tr><td colspan="7">採用に応じる際の意見：<br>慎重に考慮した結果、私は自ら　<u>(職場名称)</u>　に就職することを希望いたします。</td></tr>
<tr><td colspan="7">卒業生サイン：　　　　　　　　年　月　日</td></tr>
<tr><td rowspan="11">採用職場状況及び意見</td><td>職場名称</td><td colspan="3"></td><td>配属部門</td><td colspan="2"></td></tr>
<tr><td>連絡人</td><td colspan="3">連絡先電話</td><td>郵便番号</td><td colspan="2"></td></tr>
<tr><td>職場FAX</td><td colspan="3"></td><td>E-mail</td><td colspan="2"></td></tr>
<tr><td>職場地区</td><td colspan="6">/省(自治区/直轄市)　　　　　　　　/市(地区)</td></tr>
<tr><td>職場住所</td><td colspan="6"></td></tr>
<tr><td>経済類型</td><td colspan="6">国有経済、集団経済、私有経済、香港・アモイ・台湾経済、外国商業経済</td></tr>
<tr><td>職場性質</td><td colspan="6">党政治機関、科学研究設計職場、大学、その他教育機関、医療衛生、その他事業、金融機関、国有企業、外資系企業、その他企業、軍隊、その他</td></tr>
<tr><td>檔案転送住所</td><td colspan="3"></td><td>郵便番号</td><td colspan="2"></td></tr>
<tr><td>戸籍移転住所</td><td colspan="6"></td></tr>
<tr><td colspan="4">採用機関：(人事部門の公印を押してください)<br><br><br>サインと印<br>年　月　日</td><td colspan="3">採用機関の上級主管部門の意見：<br>(採用人事の自主権を持つ職場はこの欄を省略してよい。人事権のない職場は上級主管部門の人事公印或いは人事代理機関の公印を押してください)<br>サインと印<br>年　月　日</td></tr>
</table>

(次ページにつづく)

(前ページより)

<table>
<tr><td rowspan="4">学校の意見</td><td>学校連絡人</td><td></td><td>連絡先電話</td><td></td><td>郵便番号</td><td></td></tr>
<tr><td>本学あて先</td><td colspan="5"></td></tr>
<tr><td>学部（学科）意見<br><br><br>サインと印<br>年　月　日</td><td colspan="5">学校の卒業生就職部門意見<br><br><br>サインと印<br>年　月　日</td></tr>
<tr><td colspan="6">注<br>記入に際しての説明：1．既に大学院に出願したかどうか事実を説明し、サインをする。もし、事実に反して記入した場合、すべての結果は卒業生本人の責任とする。<br>　　　　　　　　　2．採用機関は同意するかしないかは自由に選択することができる。<br>　　　　　　　　　3．職場勤務時期の説明は学生と職場で相談し決定することを要する。</td></tr>
</table>

＊「採用職場状況及び意見」欄は、全て採用機関が記入する。
＊「学校の意見」欄は、全て就職センターが記入する。

<北京の大学の「2008年卒業生就職の手引き」に基づく＞

上調書、行状記録として使用される。氏名・性別・生年月日・民族・学歴・住所、学校の成績、思想・所属（共産党党員であるか否かなど）から親の職業職種、親族や友人関係、海外華僑や外国人との交友・知人関係など、さらに中学生以降、所属する学校や職場で起こったことが細かく記録される。中国の各大学には在籍生や卒業生などについての個人情報を保管する檔案館「档案馆 dàng'ànguǎn」という事務室がある。日本の大学が大学院入試の際に受験生が持ってきた中国での成績証明書や卒業証明書の真偽について確認したい時には、出身大学の檔案館にFAXまたは電話で問合せをすればよい。その際証明番号と本人の名前が必要である。なお、1998年以降の大学卒業生については、インターネットで中国教育部の中国高等教育学生信息網で学位番号等を入力すれば調査できる。

[例] 学生毕业后，档案将由学校送到学生就业单位。一般而言，**档案**是不能由个人携带的。
Xuésheng bìyè hòu, dàng'àn jiāng yóu xuéxiào sòngdào xuésheng jiùyè dānwèi. yībān ér yán, dàng'àn shì bù néng yóu gèrén xiédài de.
卒業後、学生の人事檔案は学校から就職先の職場に送られる。一般的に言えば、人事檔案は、個人が所有することはできない。

### 卒業

中 毕业证书　bìyè zhèngshū／毕业证　bìyèzhèng
日 畢業証書　ひつぎょうしょうしょ／畢業証　ひつぎょうしょう

卒業証書。卒業証書等は一般に証書「文凭 wénpíng」と呼ばれている。卒業証書のほかに、卒業要件を満たしていないものに授与される証書があり、結業証書「结业证书 jiéyè zhèngshū」と呼ばれている。高等教育の卒業証書・結業証書は3種類ずつあり、教育体系ごとに全日制高等教育、成人高等教育、高等教育自学考試（「自学考試」の項目参照）に分かれている。また、全日制高等教育には、中途退学した者が1年以上在籍した場合にそれを証明する肄業証書「肄业证书 yìyè zhèngshū」というものもある。高等教育の卒業証書・結業証書のうち2001年以降に発行されたものについては、専用のウェブサイトで真偽を確認できる。なお、中国では「卒業＝学位取得」ではないので、卒業証書のほかに学位証書が別個に存在し、卒業証書しか所有していない場合、学歴と学位が一致しない場合もある。卒業証書の通し番号では学位取得の情報は得られない。

[例] **毕业证书**与学位证书是两种不同的证书，因此证书编号也就不同。
Bìyè zhèngshū yǔ xuéwèi zhèngshū shì liǎng zhǒng bùtóng de zhèngshū, yīncǐ zhèngshū biānhào yě jiù

bùtóng.
卒業証書と学位証書は二つの異なった証書である、そのため証書の通し番号も異なる。

# 大学院

## 大学院生

中 研究生　yánjiūshēng
日 研究生　けんきゅうせい
大学院生。中国では大学院生のことを「研究生」という。日本の大学では留学生が大学院に入学する前に「研究生」という身分で入学し、指導教員のもと大学院試験に備えるということがあるが、中国にはこの日本の「研究生」がない。そのためミスコミュニケーションを招くことがある。日本語の「研究生」のことを話しているのか、それとも中国語の「研究生」のことを話しているのか、先に確認する必要がある。
[例] 他是1986年毕业的研究生。那时候的**研究生**多半都是有实力的优秀人才。
Tā shì yījiǔbāliù nián bìyè de yánjiūshēng. Nà shíhou de yánjiūshēng duōbàn dōu shì yǒu shílì de yōuxiù réncái.
彼は1986年に大学院を卒業した。その頃の大学院生のほとんどは、実力のある優秀な人材であった。

中 考研　kǎoyán
日 考研　こうけん
大学院入試を受けること。「考kǎo」は受験する、「研yán」は大学院生「研究生」の意味である。大学院入試の願書受付は11月中旬である。願書には志望大学、志望専攻ともに第二志望まで記入する。試験は教養科目と専門科目の2種類があり、専門科目は第一志望専攻で受験する。第一次試験「初试chūshì」は、1月か2月の春節前にあり、2日間で四つの試験科目（一つの試験時間は3時間）を受ける。試験は志願する大学ではなく、各地の試験会場で受ける。ただし、博士後期課程は当該大学で受けることが決まっている。春節を挟み冬休み明けに、まず専門科目の成績が発表され、その1～2週間後に教養科目の成績が発表される。第二次試験「复试fùshì」は、博士前期課程が3、4月に、博士後期課程は5月に行われる。一般的には面接試験であるが、この面接試験は最近、難度が増し、かつ総合点に占める割合も大きくなっている。また第二次試験で英語の口述試験を課す大学も出てきているなど、面接試験、口述試験重視の傾向がみられる。
[例] 近年来，本科应届毕生中出现为回避就业难而**考研**的现象。
Jìnnián lái, běnkē yīngjiè bìyèshēng zhōng chūxiàn wèi huíbì jiùyènán ér kǎoyán de xiànxiàng.
最近、学部新卒者に就職難を回避し

大学院を受験する現象が現われた。

**中** 中期考核　zhōngqī kǎohé
**日** 中期考核　ちゅうきこうかく

修士課程、博士課程の学生に対して行われる中間考査。修士課程、博士課程の学生のレベルを保つために、修士論文、博士論文を書く前に必要履修科目（教養科目と専門科目の両方）の学生の到達度をみるために行われる平常試験である。考査の方法や科目数などは大学によって異なるが、以下に一例をあげる。定められた書式にもとづき、本人がすでに獲得した単位数などの学習状況を記入し、次に、学位論文の進捗状況、現在までの成果、今後の研究計画や内容や課題、研究成果物などの研究状況を記入する。そして考査では中期考査の概要、指導教員の学生に対する評価、審査員の評価が下される。考査の成績結果は、「優秀」「良好」「合格」「不合格」の4段階で表される。

〔例〕因为不久之后有**中期考核**，他每天坚持学习到深夜。

Yīnwèi bùjiǔ zhīhòu yǒu zhōngqī-kǎohé, tā měitiān jiānchí xuéxí dào shēnyè.

まもなく大学院の中間考査試験が行われるため、彼は毎日深夜まで勉強を続けている。

**中** 硕士　shuòshì
**日** 硕士　せきし

修士または碩士とそのまま訳されることがある。日本の修士号に相当。日本の修士課程または博士前期課程は、「硕士课程 shuòshì kèchéng」といい、基本的には3年制である。院生のことは「硕士生 shuòshì shēng」もしくは「硕士研究生 shuòshì yánjiūshēng」、「硕士学位研究生 shuòshì xuéwèi yánjiūshēng」という。「硕士课程」は2年間から2年間半で早期修了するケースもみられるが、基本的には3年間である。最初の2年間で基礎と専門を学び、3年目は硕士論文を執筆する。最終学年ではインターンシップや就職活動をする者もいる。仕事をしながら硕士課程に通う学生は「在职硕士生 zàizhí shuòshì shēng」という。有職者の場合、在籍年限を1年間延長できる。

[参考] 硕士の種類は、一般的な文学硕士（M.A. Master of Arts）のほかに専門職硕士として、「工商管理硕士 gōngshāng guǎnlǐ shuòshì (M.B.A. Master of Business Adminstration)」や「法律硕士 fǎlǜ shuòshì (J.M. Juris Master)」、「公共管理硕士 gōnggòng guǎnlǐ shuòshì (M.P.A. Master of Public Adminstration)」、「教育硕士 jiàoyù shuòshì (Ed.M. Master of Education)」がある。なお、「法律硕士」J.M. は、The Juris Master Programme in China として1995年に開設された。様式2参照。

〔例〕大学日语本科学生毕业后想去日本读**硕士**的人很多。

Dàxué Rìyǔ běnkē xuésheng bìyè hòu xiǎng qù Rìběn dú shuòshì de rén hěn duō.

(様式2) 　　　　　　　　　　　　　　　　　　　　　（外国人碩士号証書見本）

　　　　　　　　　　　　　　　　　　　　　　　　W　000000○○

硕士研究生（修士大学院生）

# 毕 业 证 书 （卒業証書）

（写真）

　　　　　□□　□□　先生／女士　（氏名）

　国籍　□□□，○○○○ 年 ○月○日生，于○○○○年三月至○○○○年八月在 文学院 中国现当代文学 专业学习，学制三年，修完硕士研究生培养计划规定的全部课程，成绩合格，毕业论文答辩通过，准予毕业。

（氏名○○、国籍○○、○年○月○日生の者は、○○年3月から○○年8月まで、文学研究科、中国現当代文学専攻に在学し、学制 3 年の修士課程のすべてのカリキュラムを修了し、卒業論文の口頭試問に合格したので、ここに卒業を許可する。）

　　　　　　　　　校(院、所)长（学長名）：　□□□

　　　　　　　　　培养单位　　（大学名）：　□□大学

　　　　　　　　　　　　　　　○○○○ 年 ○ 月○ 日

　　　　　　　　　编号（番号）：（○○）□．□．○○

中国人民共和国国家教育委员会印制

　　　　　　　　　　　　　　　　　　　　（　）内は日本語訳と説明

（碩士学位口頭試問記録の事例）

**（様式3）**　　　　　　　　　　　□□大学

### 研究生论文答辩纪录（大学院生口頭試問記録）

　　　　答辩人姓名(受験者氏名)　　□□　□□
　　　　学科专业（専攻分野）　　　　中国文学
　　　　研究方向（専門分野）　　　　中国現当代文学
　　　　导师姓名（指導教員氏名）　□　□□　职称（ステイタス）　教授
　　　　学位级别（学位レベル）　　碩士学位
　　　　论文题目（論文テーマ）　　○○○○○○○○○○○○○○○○○○
　　　　地点（場所）　　　　　　　○○大学
　　　　答辩时间（実施日時）　　　　　　　年　　月　　日　　午（午前、午後）

### 答辩委员会名单（口頭試問委員会名簿）（5名の場合の例）

| 委員会の職責 | 氏名 | ステイタス | 所属大学 | 署名 |
|---|---|---|---|---|
| 主席 | □　□□ | 教授 | 复旦大学 | |
| 委員 | □　□□ | 教授 | 复旦大学 | |
| 委員 | □　□□ | 教授 | 华东师大 | |
| 委員 | □　□□ | 教授 | 复旦大学 | |
| 委員 | □　□□ | 教授 | 苏州大学 | |
| 記録員 | □　□□ | 副教授 | 苏州大学 | |

口頭試問委員会は次のことを決議する。
1．論文の評価。論文の清新性、論拠の信憑性、結論の正確性等を批評「評語」を記入し、論文の理論性、科学的評価ならびに論文作成者の研究能力を評価する。
2．論文は、優秀、良好、合格および不合格とする。
3．口頭試問の過程を簡明に記入する。
4．結論として、①論文の合格、不合格、②学位授与の賛否を決定する。

（次ページにつづく）

(前ページから)

## 研究生学位论文答辩纪录（大学院生学位論文口頭試問記録）

| |
|---|
| 委员会が出した主な質問と院生の回答内容を要約する。 |
| |
| |
| （以下略） |

## 论文答辩委员会决议（論文口頭試問委員会の決定）（5名の場合の例）

| 论文答辩（口頭試問投票者） | 投票者　5　名 |
|---|---|
| 表决结果　（投票結果） | そのうち合格　○　票、不合格　○　票 |
| 对授予　（学位授与投票者） | 投票者　5　名 |
| 学位的意见（投票結果） | そのうち授与　○　票、授与しない　○　票 |
| 答辩委员会对论文的评语：（口頭試問委員会の論文の評語） | |
| | |
| | |
| （以下略） | |

## 评语（評語）

| 论文评阅人姓名<br>(論文評価委員氏名) | | 职称<br>（ステイタス） | 教　授 |
|---|---|---|---|
| 工作单位（所属大学学部） | | | |
| 研究生姓名<br>（院生受験生氏名） | | 系列<br>（学部） | 专业<br>（専攻） |
| 论文题目（論文テーマ） | | | |
| 评阅人对论文的学术评语（評価委員それぞれの論文の評語）<br><br>～～（中略）～～<br><br>　　　　　　　　　　　　　　　　　　　　签名（署名）＿＿＿＿＿＿＿＿<br>　　　　　　　　　　　　　　　　　　　　　　　年　　　月　　　日 | | | |

大学の日本語学部の学生には、卒業後日本の修士課程へ進学を希望する者が非常に多い。

**中** 博士　bóshì
**日** 博士　はくし

博士。博号号「博士学位 bóshì xuéwèi」をとった人の呼称で、博士課程または博士後期課程の院生は「博士生 bóshìshēng」、「博士研究生 bóshì yánjiūshēng」、「博士学位研究生 bóshì xuéwèi yánjiūshēng」という。また、在職者は「在职博士生 zàizhí bóshìshēng」と呼び、博士後期課程は、「博士课程 bóshì kèchéng」という。中国の大学院は、1935年に学位条例によって学士、碩士、博士などが定められたが、文化大革命の間廃止され、79年に学位条例が再起案され、80年2月の人民代表大会で可決された。1983年に初めて18名に対して博士学位が授与された。中国国内の博士分野が限られていること、中国の博士に対する世界的評価が定着していないことなどから、海外に出て博士号を取得する者が少なくない。

[例] 有的硕士生希望继续深造成为**博士**。

Yǒude shuòshìshēng xīwàng jìxù shēnzào chéngwéi bóshì.

修士課程の学生の中には、引き続き研究を深めて、博士になりたいと思っている者もいる。

**中** 论文答辩　lùnwén dábiàn
**日** 論文答辯　ろんぶんとうべん

「答辩」は、答弁するの意味で口頭試問のこと。「论文答辩」は、大学院の修士論文、博士論文の口頭試問のことをいう。学生は、学位論文の口頭試問にパス「通过 tōng guò」し、課程修了の要件を満たさなければ、学位を授与されない。「论文答辩」は学位論文答辯委員会「学位论文答辩委员会 xuéwèi lùnwén dábiàn wěiyuánhuì」のメンバーによって審査される。この答辯委員会のメンバーは学位授与機関によって選出されるが、メンバーの中には必ず学外の関係専門家を入れなければならない。一般的に4、5人で構成される。審査結果は無記名投票で行われ、全体の3分の2以上の賛成票を得なければパスできない。答辯委員会の投票には、二つの投票があり、一つは論文の合否と評価（優、良、可、不可）で、もう一つは、学位授与すなわち課程修了についての合否である。その場で開票され結果が出た後、最後に答辯委員会主席による論文批評「评语 píngyǔ」が述べられ、論文口頭試問は終了する。様式3参照。

[例] 因为事先准备充分，他在**论文答辩**时表现出色。

Yīnwéi shìxiān zhǔnbèi chōngfèn, tā zài lùnwén dábiàn shí biǎoxiàn chūsè.

全力を尽くして事前準備したので、彼の論文の口頭試問の出来は素晴らしかった。

大学院生

🈥 定向培养硕士生　dìngxiàng péiyǎng shuòshìshēng
🈐 定向培養碩士生　ていこう　ばいよう　せきしせい

卒業後の配属先が決まっている指向養成修士生、人材養成委託の碩士学生。あらかじめ定まった職場や地域への就職を条件として、スポンサー付きで大学院に入学する学生のことである。この制度は二つに分類される。一つは、国家が資金を出し養成する指向修士生（「定向 dìngxiàng」とはある方向をめざして向かう）。元々1983年頃から学部生対象に実施されているものと同じで、農業、林業、医学、師範の分野であらかじめ定まった地域から募集し、卒業後は募集した農村などの地域に就職させるという国家の制度である。近年、卒業後は、開発が必要な西部地区への職場に赴任することが多い。この場合の入学試験合格最低点は多少低くとも合格できる基準になっている。もう一つは、ひとつの民間企業が、在学中の学費や生活費などを提供する代わりに、卒業後はその企業に就職するというものである。いずれも手続きは、入学時に本人・大学・委託機関の3者で契約を結ぶ。「委托培养 wěituō péiyǎng」の院生「研究生」ともいう。卒業後は最低5年間の勤務が義務付けられている。

［例］作为**定向培养硕士生**，他毕业之后直接进入为他出资的那家公司。
Zuòwéi dìngxiàng péiyǎng shuòshìshēng,tā bìyè zhī hòu zhíjiē jìnrù wèi tā chūzī de nàjiā gōngsī.

彼は人材養成委託の修士生だったので、卒業後出資を受けたその企業に就職した。

🈥 非定向培养硕士生　fēi dìngxiàng péiyǎng shuòshìshēng
🈐 非定向培養碩士生　ひていこう　ばいよう　せきしせい

卒業後の配属先が決まっていない養成修士生。国家の人材計画は、国務院と国家計画委員会で立てられるが、大学生の就職先の有無によって二つに分類できる。卒業後の就職先または配属先が決まっている「定向培養碩士生（以下、定向）」とそうではない「非定向培養碩士生(以下、非定向)」である。どちらも国家計画の募集定員内の人材計画である。「非定向」の場合は、「定向」に比べると大学生活に必要な経済面の支援が受けられない点や不況時に就職が厳しくなる点などがあるが、就職先選択の自由度は大きい。一方「定向」は、在学期間中に本人の就職への意識に変化があった場合に、変更が利かないなどのデメリットがある。なお、大学では「非定向」の経済的に苦しい学生を対象とした奨学金を設けている。2008年度現在、博士前期課程（修士課程）と博士後期課程（博士課程）を併せた「定向」と「非定向」の比率は6対4である。今後さらに「定向」の比率が増える傾向にあると聞く。その理由は、国家への貢献もあるだろうが、就職先選択の自由よりも大学院生活の経済支援という実利を優先せざるを得ない事情や、

また一方で、大学院の受験者も多くなり、入学試験で合格しやすいといった現実的な点から「定向」へ流れることも考えられる。

[例] 由于他是**非定向培养硕士生**, 就不得不为找工作奔波。
Yóuyú tā shì fēi dìngxiàng péiyǎng shuòshìshēng, jiù bù dé bù wèi zhǎo gōngzuò bēnbō.
彼は卒業後の就職先が決まっていない養成修士生なので、就職活動に奔走しないわけにはいかない。

中 汉语国际教育硕士　Hànyǔ guójì jiàoyù shuòshì
日 漢語国際教育硕士　かんご　こくさいきょういく　せきし

外国人に中国語教育を行うための中国語教育修士。中国語国際教育修士。大学院修士レベルの課程であり、日本でいう専門職大学院である。中国語を国際的に普及させる国の政策に応じた人材養成を目的としている。2007年3月国務院学位委員会で「汉语国际教育硕士专业学位设置方案 Hànyǔ guójì jiàoyù shuòshì zhuānyè xuéwèi shèzhì fāng'àn」が決定され、2007年12月「汉语国际教育硕士专业学位研究生指导性培养方案 Hànyǔ guójì jiàoyù shuòshì zhuānyè xuéwèi yánjiūshēng zhǐdǎoxìng péiyǎng fāng'àn」が公布され、2008年から実施された。その案によれば、出願条件は、①学部卒業者、②学士学位取得者かそれと同等の学力がある者。③海外で同等の資質を持つ中国語教員等となっている。2の条件については、2年以上の教育職歴を持つ者と教育部は公表している。また在学年限は、一般には2年から3年間、在職者の場合は3年間、修了要件は32単位の取得、学位論文は調査報告、教学実験報告、モデル事例分析など実践的なものでも認められる。学位は、「汉语国际教育硕士专业学位 Hànyǔ guójì jiàoyù shuòshì zhuānyè xuéwèi」である。この「汉语国际教育硕士」の英語名は"Master of Teaching Chinese to Speakers of Other Languages"で、略して「MTCSOL」という。非母語話者に対する英語教育の修士課程「TESOL」と同様である。2008年から北京大学、北京語言大学など24の大学で試験的に始まった。普通の修士課程とは異なり、専門職大学院であるため、一定の職務経験のある在職者にとり、入学は比較的有利である。

[例] 他已经在大学教了五年汉语, 今年考上了**汉语国际教育硕士**。
Tā yǐjīng zài dàxué jiāole wǔ nián Hànyǔ, jīnnián kǎoshàngle Hànyǔ guójì jiàoyù shuòshì.
彼は大学ですでに5年間中国語を教えた経験があり、今年の中国語国際教育修士の入学試験に受かった。

中 研究生助教　yánjiūshēng zhùjiào
日 研究生助教　けんきゅうせい　じょきょう

大学院生のTA（ティーチング・アシスタント）。中国の大学院生、主に

大学院生

博士後期課程(博士課程)の学生のTA(ティーチング・アシスタント)のことをいう。「研究生助教」すなわちTAの仕事は、教員の補助業務として宿題の添削やテストの採点などのほか、場合によって教員の代わりに授業を行うことがある。報酬は、1学期(約半年)で2千元(3万円)程度である。

[例] 作为**研究生助教**，她必须承担一定量的教学工作。
Zuòwéi yánjiūshēng zhùjiào, tā bìxū chéngdān yīdìng liàng de jiàoxué gōngzuò.
彼女は大学院生のTAとして、ある程度の教学の仕事を引き受けなければならない。

🀄 研究生研究室 yánjiūshēng yánjiūshì

🇯 研究生研究室　けんきゅうせいけんきゅうしつ

大学院生の共同研究室。中国の大学の教員は、キャンパス内にある教員住宅で研究することが習慣となっており、個人研究室を持つことがなかったが、近年では個人研究室が整備されつつある。一方、大学院生も学内の寮や図書館、資料室で研究をすることが一般的であったが、近年、大学院生数人が共同で使用する研究室が設置されるようになった。理系大学に多く、文系にはまだ少ない傾向がみられる。

[例] 他很努力,几乎每天都泡在**研究生研究室**里专心从事研究。
Tā hěn nǔlì, jīhū měitiān dōu dāi zài yánjiūshēng yánjiūshì lǐ zhuānxīn cóngshì yánjiū.
彼は大変努力家なので、ほとんど毎日大学院生共同研究室で集中的に研究している。

🀄 博士后　bóshìhòu

🇯 博士後　はくしご

ポスト・ドクトラルフェロー(ポスドクまたは博士研究員)。博士号を取得後、定年まで在職できる仕事に就く前に、高等教育機関や研究機関で任期付きの研究員の仕事に携わる人のことを指す。日本では「オーバードクター」という語が、博士号取得後職のない人と、このポスト・ドクトラルフェローの両方、さらには学位未修得者も含めて指す場合もあるが、この「オーバードクター」に相当する中国語はない。中国の「博士后」が博士号を取っただけの人より社会的にも高い評価を受けるため、中国人が日本の「オーバードクター」を同じものと考えて、博士号の一つ上の地位だと誤解する人もいる。なお、中国における「博士后」の研究歴は、その後の職探しに大変有利に働くと聞く。

[例] 她在北京博士毕业以后,就马上去上海做**博士后**。
Tā zài Běijīng bóshì bìyè yǐhòu, jiù mǎshàng qù Shànghǎi zuò bóshìhòu.
彼女は、北京で博士を取得したのち、すぐに上海でポスト・ドクトラルフェローになった。

🀄 博士后流动站　bóshìhòu liúdòng zhàn
🇯🇵 博士後流動站　はくしご　りゅうどうたん

ポスト・ドクトラルフェローを受け入れる高等教育機関あるいは研究機関の名称。ある一定の審査基準を満たし、国に認可され、国内外で博士号を取得した40歳以下の優秀な博士を受け入れて、研究活動に従事させることができる高等教育機関もしくは研究機関のことである。この「博士后流动站」は、ノーベル賞受賞者である物理学者李政道氏が、1983年から1984年にかけて鄧小平氏に「博士后」制度をつくることを進言した結果できたものである。最初は試験的に中国科学院、北京大学、清華大学に設立された。2008年現在、中国全土に1,363箇所あり、募集人員は全国で3.2万人、実際「博士后流动站」で仕事をしている人員は1.2万人といわれている。

〔例〕这个**博士后流动站**的研究环境非常好。

Zhège bóshìhòu liúdòng zhàn de yánjiū huánjìng fēicháng hǎo.

ここのポスト・ドクトラルフェローを受入れる研究機関の研究環境は非常にすばらしい。

# 教 職 員

## 教職員の職称

🀄 校长　xiàozhǎng
🇯🇵 校長　こうちょう

校長または学長。中国では学校の長は小学校から大学まですべて「校长 xiàozhǎng」と呼ぶ。したがって、大学の長も「学长 xuézhǎng」ではなく「校长 xiàozhǎng」と呼ばれる。ただし、小規模大学の「学院 xuéyuàn」の場合は正式には「院长 yuànzhǎng」となる。中国人のよくできる通訳でも時々間違って日本語の学長のことを校長と訳すことがある。また中国語の普段の役職の呼び方は、副を取って呼ぶことが多い。たとえば、「副校長」は「校長」、「副院長」は「院長」、「副主任」は「主任 zhǔrèn」と一つ格上げして呼びかける習慣がある。そのため「校長」が何人もいて、本当の「校長」が誰なのかわからなくなる時もある。総じて、日本に比べると中国では副がつく職位が多い。そして、また副が付く人が実際大きな権限をもっていることも多い。

〔例〕**校长**正在为学校的新课题研究筹集经费。

Xiàozhǎng zhèngzài wèi xuéxiào de xīn kètí yánjiū chóují jīngfèi.

学長は、いま学校の新しい研究テーマのための資金集めを行っている。

🀄 教授　jiàoshòu ／讲师　jiǎngshī
🇯🇵 教授　きょうじゅ／講師　こうし

教授。講師。中国の大学の教員の職

名は、上位から順に「教授 jiàoshòu」（教授）、「副教授 fùjiàoshòu」（准教授）、「讲师 jiǎngshī」（講師）、「助教 zhùjiào」（助手）となっている。寧波大学の范教授は、2007年3月の全国人民代表大会で、研究と同等に教育を重視する視点から、「副教授」と同等の待遇で、教育型の高級講師「高级讲师 gāojí jiǎngshī」を設けることを主張し、その後各大学教育行政部門で実施されている。中国の大学では「教授」、「副教授」とも1級から4級に等級分けされている。1級が一番上で、級ごとに給与が違い、また、宿舎の割り当て、プロジェクトの申し込みなどの点でも優先順位が異なる。大学の専任教員は「专任教师 zhuānrèn jiàoshī」といい、非常勤教員のことは「非专任教师 fēi zhuānrèn jiàoshī」あるいは、外から招聘するという意味で「外聘讲师 wàipìn jiǎngshī」という。肩書き、職名は職称「职称 zhíchēng」という。

[例] **教授**和**讲师**的待遇不同，主要是工资不一样。
Jiàoshòu hé jiǎngshī de dàiyù bùtóng, zhǔyào shì gōngzī bùyīyàng.
教授と講師の待遇が異なるところは、主に給与の差がつくことである。

---

中 研究员　yánjiūyuán／助理研究员　zhùlǐ yánjiūyuán
日 研究員　けんきゅういん／助理研究員　じょりけんきゅういん

研究員。中国の「研究員」は、科学研究機関で働く研究員や大学で研究を中心に行う上級研究員「高级研究人员 gāojí yánjiū rényuán」を指す。待遇は、大学の教授「教授」と同格である。また、「副研究员 fùyánjiūyuán」は准教授「副教授」と同等である。中国の「研究员 yánjiūyuán」は、日本で呼ばれる研究員のイメージより、ハイレベルである。大学の教授は授業を担当しながら研究も行うが、「研究员」は一般的に授業を持たない。大学職員では、教員系の「副教授」と同じ待遇の「副研究员 fù yánjiūyuán」（課長クラス）、その下に「助理研究员 zhùlǐ yánjiūyuán」（課長補佐クラス）という肩書きがある。

[例] 他是中国科学院的**研究员**，正在研究环保课题。
Tā shì Zhōngguó kēxuéyuàn de yánjiūyuán, zhèngzài yánjiū huánbǎo kètí.
彼は中国科学院の研究員で、いま環境保護の研究テーマに取り組んでいる。

---

中 博士生导师　bóshìshēng dǎoshī／博导 bódǎo
日 博士生導師　はくしせい　どうし／博導　はくどう

博士課程または博士後期課程の学生の指導を行う指導教員。新しい学位条例の下で博士課程が始まったのが80年以降であったため、博士号を持つ者が少なく、博士後期課程の学位論文を指導できる教員も少ない。その指導を行う教員は「博士生导师 bóshìshēng dǎoshī」と呼ばれ、その

学問分野に造詣が深い教授、あるいはその専門技術を職業とする者や科学技術専門家で学術的レベルが国内でトップレベルであること、国際的先進レベルに達していることが要求されている。「博士生导师」の申請資格は、少なくとも博士前期課程（修士課程）の学生を2期指導した経験があり、学部生と博士前期課程（修士課程）学生の両方の教育歴があることなどが条件となっている。ただし、1972年以降に大学を卒業した若い教授については、自身が博士号を取得し、最低1期の博士前期課程（修士課程）学生の指導歴、あるいは国内外において共同で博士学位論文を指導した経験があれば、「博士生导师」の申請が可能となっている。

〔例〕他跟从**博士生导师**研究新课题。
Tā gēncóng bóshìshēng dǎoshī yánjiū xīn kètí.
彼は博士指導教員の指導を受け、新しい研究課題に取り組んでいる。

### 招聘教員・著名教授

🀄 外聘教授　wàipìn jiàoshòu／客座教授　kèzuò jiàoshòu
🇯🇵 外聘教授　がいへいきょうじゅ／客座教授　きゃくざきょうじゅ

外部からの招聘教授。中国の大学は最近さまざまな教授職を設けて国内外の優秀な人材、とくに国際的に有名な教授や学者を大学に招き入れ、教育レベルの向上を競っている。たとえば、特別招聘教授「特聘教授 tèpìn jiàoshòu」、訪問教授「访问教授 fǎngwèn jiàoshòu」、客員教授「客座教授 kèzuò jiàoshòu」、講座教授「讲座教授 jiǎngzuò jiàoshòu」などは、いずれも外部から着任してもらうためのポジションである。このほかにも、名誉教授「名誉教授 míngyù jiàoshòu」、栄誉教授「荣誉教授 róngyù jiàoshòu」といった称号を、日本と同様、著名なベテラン教授や業績のあったベテラン指導者に贈り、自大学の教育研究の高さを誇ることもある。

〔例〕现在中国的大学正在争取从欧美邀请**外聘教授**。
Xiànzài Zhōngguó de dàxué zhèngzài zhēngqǔ cóng ōuměi yāoqǐng wàipìn jiàoshòu.
現在中国の大学では、欧米からの招聘教授の獲得を競っている。

🀄 专家　zhuānjiā
🇯🇵 専家　せんか

専家。招聘した外国人教師、専門家。二つの使われ方がある。一つには、中国の大学では70年代末から外国人教員を招聘するようになったが、その頃の外国人教員を総称して「専家（せんか）」と呼んだ。彼らが住む新しく建てられた外国人専用宿舎のことを専家楼「专家楼 zhuānjiālóu」あるいは専家招待所「专家招待所 zhuānjiā zhāodàisuǒ」と呼んでいた。今でも地方の大学に行くと、専家楼が残っている。住宅事情が悪かった当時でも、外国人専用宿舎は外国人が快適に過

ごせるようにと何部屋もあり、また電化製品やソファーなどさまざまな設備が完備されていた。もう一つは、漢字本来の意味で、現在は中国人も含めて専門家という意味で使われることが多い。

[例] 他是经济方面的**专家**，因此经常参加各种金融会议。
Tā shì jīngjì fāngmiàn de zhuānjiā, yīncǐ jīngcháng cānjiā gèzhǒng jīnróng huìyì.
彼は経済の専門家で、いつもいろいろな金融関係の会議に参加している。

---

**中** 长江学者　Chángjiāng xuézhě
**日** 長江学者　ちょうこうがくしゃ

長江学者。1998年8月に長江学者奨励計画「长江学者奖励计划 Chángjiāng xuézhě jiǎnglì jìhuà」という名称で、人材育成と学術振興のために、特別招聘教授「特聘教授 tèpìn jiàoshòu」、講座教授「讲座教授 jiǎngzuò jiàoshòu」、そして長江学者の三つのポストがつくられた。長江学者は、教育部と香港の実業家李嘉誠氏が協同で、長江学者奨励プロジェクト「长江学者计划 Chángjiāng xuézhě jìhuà」として立ち上げたもので、奨励金は1人につき100万元が支給される。李嘉誠氏が出資した基金で運営されている。

[例] 并不是大多数的科研人员都能够评上长江学者，也并不是每所高校都有能力引进**长江学者**。
Bìng bù shì dàduōshù de kēyán rényuán dōu nénggòu píngshàng Chángjiāng xuézhě, yě bìng bù shì měi suǒ gāoxiào dōu yǒu nénglì yǐnjìn Chángjiāng xuézhě.
決して大多数の科学研究者が長江学者に選ばれるわけではない。またどの大学でも長江学者を招聘する能力があるわけではない。

---

**中** 院士　yuànshì
**日** 院士　いんし

学士院の会員。アカデミー会員。中国では、中国科学院院士または中国工程院院士を指す。

[例] **院士**是某些国家所设立的科学技术方面的最高学术称号，一般为终身荣誉。
Yuànshì shì mǒuxiē guójiā suǒ shèlì de kēxué jìshù fāngmiàn de zuìgāo xuéshù chēnghào, yībān wéi zhōngshēn róngyù.
院士は、国家が設定した科学技術分野の最高学術称号で、一般に終身栄誉とされている。

---

## 教員評価・待遇

**中** 教师评价　jiàoshī píngjià
**日** 教師評価　きょうしひょうか

教員評価。教員評価は、学校の教育目的と教員の担当に基づき、それに合った評価理論と手法によって、教員各人の仕事の進捗度で判断される。主な評価方法は、指導者による評価、学生による評価、同僚による評価、自己評価である。学生による評価は、授

業評価アンケートの結果を公開して全学の教員と学生に見せている大学もあれば、教員本人にだけ見せる大学もある。ある大学では、同大学を定年退職した教員が大学に授業評価委員として雇われて、各教室の授業を参観し、学長に改善意見を述べる制度を実施している。1993 年を境にして、学費が有料となり、大学の「社会化」（市場経済化）が始まり、学ぶ学生の意識も変化した。交換教授として日本の大学で教鞭をとる中国の教員によれば、学生の授業評価に関して、日本の学生に比べ中国の学生の権利意識は強く、中国の学生の教員に対する批評は厳しいという。

[例] 李老师教学有方，来自学生的**教师评价**一向很好。
Lǐ lǎoshī jiàoxué yǒufāng, lái zì xuésheng de jiàoshī píngjià yīxiàng hěn hǎo.
李先生の授業は適切であり、学生からの教員評価はずっと非常によい。

🀄 休假年　xiūjià nián
🇯🇵 休假年　きゅうかねん

サバティカル。米国の sabbatical（サバティカル）制度を採用したもの。これは、一定年数（7 年間程度）続けて勤務をした後、大学に申請をし、大学からもらう長期休暇（通常 1 年間）のことである。このほかに学術休暇「学术休假 xuéshù xiūjià」というものがあるが、これは、特に学術会議に参加したり、学術研究、学術交流の仕事に従事したり、本を書いたりなど、学術の目的で利用される休暇のことである。「休假年」サバティカルの場合は、特に目的を問わない。

[例] 明年，她准备利用**休假年**去日本与同行共同开展课题研究。
Míngnián, tā zhǔnbèi liyòng xiūjià nián qù Rìběn yǔ tóngháng gòngtóng kāizhǎn kètí yánjiū.
来年彼女は、サバティカルを活用して、日本に行き、同分野の研究者と共同研究を行う予定である。

🀄 教师资格证书　jiàoshī zīgé zhèngshū
🇯🇵 教師資格証書　きょうし　しかく　しょうしょ

教員資格証明書。教員資格証明書「教师资格证书 jiàoshī zīgé zhèngshū」は、幼稚園教員から大学教員までを対象に「人民政府教育行政部」が批准し発行する証明書のことである。中国教育部は 2001 年 8 月 8 日「教师资格证书管理规定 jiàoshī zīgé zhèngshū guǎnlǐ guīdìng」を公布した。大学の教員資格証明書を得るのには、大学院修了あるいは大学学部卒の学歴が必要で、大学での教員歴が 1 年以上あることが申請の条件である。個人で申請することはできない。大学が個人に代わり申請を行うことで、資格試験を受けることができる。日本の大学では教員免許は必要ないが、中国では大学の教員資格が必要である。資格取得は、教員の資質向上に貢献している。

教員資格証書

[例] 他拿到了**教师资格证书**，终于可以从事自己梦寐以求的职业了
Tā nádàole jiàoshī zīgé zhèngshū, zhōngyú kěyǐ cóngshì zìjǐ mèngmèi yīqiú de zhíyè le。
彼は教員資格証明書を手にして、ついに念願の職業についた。

## 生涯学習・英才教育

### 生涯学習

中 继续教育　jìxù jiàoyù
日 継続教育　けいぞくきょういく

継続学習、生涯学習。いわゆる「エクステンション学習」で、学校教育の延長で行われる教育。正規の大学以外の学校を卒業し、仕事を持った人を対象に、業務に関係する分野の技術や知識を掘り下げるために大学が提供する教育。特に近年、継続教育は中国各地で増加しており、その内容も受講生の受講目的もさまざまである。例としては、自学考試（「自学考試」の項目参照）の準備やIT講座、経営関連講座、語学、ビジネスマナーなどの講座から、産業の発展に追いつかない従業員向けの、新しい技術や理

論を教授する専門分野まで存在する。現在、継続教育は教育内容や対象が発展傾向にあると思われる。

〔例〕今年将组织全市不低于10万名规模的职工参加**继续教育**、各类短期培训和岗位技能培训。

Jīnnián jiāng zǔzhī quánshì bù dī yú shíwàn míng guīmó de zhígōng cānjiā jìxù jiàoyù、gè lèi duǎnqī péixùn hé gǎngwèi jìnéng péixùn.

今年は、全市で少なくとも10万人規模の職員・労働者が継続学習、各種短期訓練、職場技能訓練に参加する予定である。

中 业余学校　yèyú xuéxiào
日 業余学校　ぎょうよがっこう

余暇学校。いわゆる「カルチャースクール」。北京などの都会では、1週間や1ヶ月間といった比較的短期間で学べる「子供向け英会話教室」「子ども向けお絵かき教室」などの講座から、1年間以上の長期間で学び修得する「バレエ」「ピアノ」「水泳」などのお稽古まで、子どもの興味関心や趣味を伸ばすための学校がある。一方農村地域では、小学校などを活用し、非識字者に対する識字教育や知識、技術を教育する学校を指す。

〔例〕一山区某县现在有近四万名农民在**业余学校**里参加学习。

Yī shānqū mǒu xiàn xiànzài yǒu jìn sìwàn míng nóngmín zài yèyú xuéxiào lǐ cānjiā xuéxí.

ある山間の県では、現在4万人近い農民が業余学校で学習している。

中 社区教育　shèqū jiàoyù
日 社区教育　しゃくきょういく

居住地域またはコミュニティー内における教育。80年代、中国が改革開放を進めていた時代は、教育を学校教育、家庭教育、社会教育の3方向から考え、居住地域やコミュニティー内でも学習指導やしつけを行っていた。近年では都市の少子高齢化や外地からの流動人口の増加、近隣住民との交流が淡白化したことに伴う諸問題が発生している。地域内やコミュニティ内での連携や学校との関係、家族の関係などの見直しが求められている。

〔例〕近年来，不少青年志愿者积极参与**社区教育**工作。

Jìnnián lái, bùshǎo qīngnián zhìyuànzhě jījí cānyù shèqū jiàoyù gōngzuò.

最近、多くの青年ボランティアは、積極的にコミュニティーの教育に参加している。

## 英才教育

中 通才教育　tōngcái jiàoyù
日 通才教育　つうさいきょういく

リベラル教育、ゼネラリスト教育、教養教育。中国では伝統的な専門的教育に対する揺り戻しとして出てきた新しい教育理念である。総合的な素質育成を重視し、具体的な専門のほかに社会能力、チャレンジ精神、創造能力などを養成する。現在、北京大学、清

華大学、北京師範大学、アモイ大学等の大学で、リベラルアーツ教育の研究が行われている。徳育、業務知識、仕事の技術を持ち、社会に適応する学生の総合的資質の育成を目指している。「通才」は多芸多才な人の意味で、「通才教育 tōngcái jiàoyù」は、リベラルアーツを通して幅広い教養を身につけさせる教育である。反対にある特定の専門に特化した教育やスペシャリストのための教育を専才教育「专才教育 zhuāncái jiàoyù」という。

[例] 专才教育和**通才教育**，两者哪个好？应该说各有各的好。
Zhuāncái jiàoyù hé tōngcái jiàoyù, liǎng zhě nǎgè hǎo? Yīnggāi shuō gè yǒu gè de hǎo.
スペシャリスト教育とゼネラリスト教育、両者のどちらが良いか？どちらもそれぞれ良いところがあると言わねばならない。

中 因材施教　yīncái shījiào
日 因材施教　いんざいせきょう
個人の能力に応じ、異なった方法で教育を施すこと。生徒や学生一人ひとりの才能や能力を考慮したうえで授業を行うこと。親から学校に対して、子どもの面倒見のよさを求める要望が強まってくると同時に、学校側でも生徒の個性をみながら本人の能力を伸ばすことが求められている。小学生から大学生までを対象に本人の天分を重視する。一般に美術、音楽、放送、芸術演技など芸術の専門性に特化したものである場合が多い。「因材施教 yīncái shījiào」は、『論語』からの語彙で、「因物施导 yīnwù shīdǎo」、「因人施导 yīnrén shīdǎo」、「因作施导 yīnzuò shīdǎo」ともいう。

[例] 在教学过程中，应注重**因材施教**。
Zài jiāoxué guòchéng zhōng, yīng zhùzhòng yīncái shījiào.
教育課程においては、個人の能力に応じた教育を重要視していくべきである。

中 高级知识分子　gāojí zhīshi fènzǐ
日 高級知識分子　こうきゅうちしきぶんし
ハイレベルのインテリ、上級知識人。知識分子「知识分子 zhīshi fènzǐ」はインテリの意味。「高级知识分子 gāojí zhīshi fènzǐ」は、大学の准教授「副教授」や副研究員「副研究员 fùyánjiūyuán」以上の職に就いている人のことをいう。一般的な知識人「普通知识分子 pǔtōng zhīshi fènzǐ」より社会的評価が高い。そもそも、この知識分子とは、頭脳労働者のことを指し、教師、医者、エンジニア、科学者がその典型的な職業であるが、文化大革命期には「知識分子」は低い身分とみなされ、インテリはいわゆる社会の鼻つまみ者であったという。今日の中国社会では再び尊敬される対象に戻り、知識人になりたいと思う人は多い。

[例] 他是**高级知识分子**，所以比较重视孩子的教育。
Tā shì gāojí zhīshi fènzǐ, suǒyǐ bǐjiào zhòngshì háizi de jiàoyù.
彼はハイレベルのインテリであるので、

子供の教育を大変重視している。

# 教育カリキュラム改革

## 教育カリキュラム改革

**中** 跨学科　kuà xuékē
**日** 跨学科　こがっか

学際的な学科。二つ以上の学問分野にまたがる学問を行う学科。交叉科学「交叉科学 jiāochā kēxué」または辺縁科学「边缘科学 biānyuán kēxué」ともいう。「跨学科」を推進しているある大学は、たとえば、2007年度ではエイズワクチン分野で、医薬、生物、化学の学問分野が交わって研究を進めたほか、恐竜化石の分野でも地理、気候環境、生物遺跡の分野が交叉して研究を進めた。中国国内での大学間競争が激化する中で、学内から国内の大学間、海外の大学間での「跨学科」へと発展することで国際競争力をつけようという狙いがうかがえる。

[例] 这所大学是美国著名的研究型大学，一直以开展**跨学科**研究著称。
Zhè suǒ dàxué shì Měiguó zhùmíng de yánjiūxíng dàxué, yīzhí yǐ kāizhǎn kuà xuékē yánjiū zhùchēng.
この大学は米国の著名な研究型の大学で、ずっと学際的な研究が盛んなことで知られる。

**中** 双语教学　shuāngyǔ jiàoxué
**日** 双語教学　そうごきょうがく

2言語教育。大学学部における教育の質の向上を目指すために、専門分野の基礎科目、専門科目を2言語によって教育するものである。日本でいう早期からのバイリンガル教育とは異なる。「双语教学」は、国際的で先進的な教育理念や教育方法を受け入れ、中国の実態に適合した、模範的な教育モデルを設定し、国際的な競争意識と能力を持つ学生を育成する。

[参考]「教育部、財務部による大学本科の教育の質と教育改革プロジェクトについての意見」に基づき、2007年8月に出された「2007年度2言語教育模範カリキュラムの設置項目開始についての通知」では、次のように紹介されている。まず目的は、先進的な教育の理念、教育方法の導入、2言語教育の教員の養成。目標は、2007年から開始し、2010年までに500の「双语教学」の模範カリキュラムを示し、重点学科を設置すること。そのために外国からの教員を招聘し、先進的な教材の導入などを行う。2007年の目標は、100の模範カリキュラムの設置で、生物、情報、金融、法律、医学の学問領域の基礎科目と専門科目が対象であった。2言語は中国語と英語。ちなみに双語専業「双语专业 shuāngyǔ zhuānyè」は、2言語によって学べる専門科

教育カリキュラム改革

目を指す。

[例] **双语教学**，包括学习两种外语和用某种外语学习某一专业两层意思。
Shuāngyǔ jiàoxué, bāokuò xuéxí liǎng zhǒng wàiyǔ hé yòng mǒu zhǒng wàiyǔ xuéxí mǒu yī zhuānyè liǎngcéng yìsi.
2言語教育とは、2種類の外国語を学ぶことと、外国語で専門を学ぶことの二つの意味がある。

中 精品课程　jīngpǐn kèchéng
日 精品課程　せいひんかてい

精選されたカリキュラム。入念につくられたカリキュラム。実際には優れた科目のことを指す。教育部が大学教育の質を上げるため、また教学改革のために2003年に「精品课程 jīngpǐn kèchéng」を設けることを決定した。この「精品课程」とは、大学で行われるすべての科目の中から選ばれた優れた科目を指しており、一流の教師群・教学内容・教学方法・教材・教学管理などの特徴を備えた模範的な科目とみなされている。国、省、大学レベルの3ランクがある。「精品课程」の選定には、大学内外の専門家の評価はもちろんのこと、その授業を受けた学生たちの評判も重視される。省レベル以上の「精品课程」の有無やその数が、その大学の教育レベルを評価する基準の一つにもなっているため、大学は、多くの科目が「精品课程」に選ばれるよう努力している。大学は「精品课程」に選ばれた科目に対しては、プロジェクトを立ち上げ、チームを組んで、約2年間で教学内容を体系化させることになっている。ちなみに、「精品」とはもともと高級品という意味である。最近では教育にも「质量工程 zhìliàng gōngchéng」という工場の品質管理を意味する言葉が使われている。これは大学が社会に適応する優れた人材を育てることが、まさに工場から合格品を送り出すという譬えで使われているらしい。

[例] 截至2009年已评选出国家级**精品课程**累计2400多门。
Jiézhì èrlínglíngjiǔ nián yǐ píngxuǎnchū guójiājí jīngpǐn kèchéng lěijì liǎngqiān sìbǎi duō mén.
2009年までにすでに国家レベルの「精品課程」に選ばれた科目は、累計で2,400以上ある。

中 第二学士学位　dì'èr xuéshì xuéwèi
日 第二学士学位　だいに　がくしがくい

第二学士学位。第二学士学位とは、大学既卒の在職者が再び大学へ入学し、既得の学位とは別領域の学問を修めることで取得できる学位のことである。この学位が授与できるのは認可を受けた大学に限られる。この学位設置の目的は、高度な人材の育成にあり、在学中の補助金や学位取得後の待遇などについては、大学院生と同じ基準が適応される。入学資格は、大学卒業かつ学士学位取得者であり、職場の許可を得た在職者が選抜試験を経

て入学する。なお、対象を在職者に限らず、新卒生にも枠を広げている大学もある。修業年限は2年間で、延長は認められない。修士学位と同等の学歴扱いとなるため、3年制の修士よりも短期間で修了できるというメリットがある。なお、この学位取得のためのコースを「第二学士学位班 dì'èr xuéshì xuéwèi bān」、コース在籍者を「第二学士学位生 dì'èr xuéshì xuéwèi shēng」という。また、二重学位「双学位 shuāng xuéwèi」というものがあるが、これは学部課程において、二つの専攻を同時に履修することで得られる、二つの学位を指す。なお、中国では、学部卒業と学士学位取得は別のことになっているので、それぞれに証書が存在する。

[例] 要想获得**第二学士学位**，就得比别人多花时间和精力。

Yào xiǎng huòdé **dì'èr xuéshì xuéwèi**, jiù děi bǐ biérén duō huā shíjiān hé jīnglì.

第二学士学位を取得しようと思うなら、他の人より多くの時間と精力を費やさなければならない。

---

**中** 弹性学制　tánxìng xuézhì
**日** 弾性学制　だんせいがくせい

弾力性を持たせた学制。在学年数を延長したり短縮したりできる制度。大学学部教育のみではなく、大学院修士課程などでも導入されている。中国教育部（文部科学省相当）の公式ウェブサイトでは、大学生からの「卒業要件は満たしているが、個人的な理由でまだ卒業したくないので、在学を延長できるか」という質問に対し、「故意に卒業を延ばして、大学の教育資源を浪費してはならない」と回答しており、弾力性を持たせた学制は、あくまでも公的に認められる履修スケジュールの範囲内である。日本では、卒業できるのにわざと卒業しないといった恣意的な延長も可能であるが、中国では個人の事情が認められるのには限界がある。日中の違いを見てとれる。

[例] **弹性学制**，就是允许学生在2至5年内取得所规定的相应学分获得毕业资格。

**Tánxìng xuézhì**, jiùshì yǔnxǔ xuéshēng zài èr zhì wǔ nián nèi qǔdé suǒ guīdìng de xiāngyìng xuéfēn huòdé bìyè zīgé.

弾力性を持たせた学制では、学生は2年から5年で所定の単位を修得し、卒業資格を取得することが認められる。

---

**中** 导师制　dǎoshīzhì
**日** 導師制　どうしせい

指導教員制。主として学部生の指導を行う指導教員制度。2004年頃から中国の大学では、学部生をきめ細かく指導する、指導教員制度「导师制」を導入するようになった。この制度の目的は、教員と学生間の交流を促進して、教員が学生個々の個性や能力に応じて、個別に学生の思想教育、学習指導、生活指導を行うことにある。授業や研究だけに傾きがちな教員に対

して、大学側が学生の教育と指導を入学から卒業まで一貫して怠らないようにすることを教員に求めるものである。換言すれば、大学に1年生から4年生までの担任制度を導入することに等しい。大学院生の指導教授「研究生导师 yánjiūshēng dǎoshī」が研究指導するのとは異なった指導の役割を担っている。

〖例〗这本书是我的**导师**推荐我读的。
Zhè běn shū shì wǒ de dǎoshī tuījiàn wǒ dú de.
この本は、指導教員が私に読むように薦めてくれたものだ。

---

中 素质教育　　sùzhì jiàoyù
日 素質教育　　そしつきょういく

資質教育。受験教育「应试教育 yìngshì jiàoyù」に相対する概念。生まれつき持っている性質や才能を伸ばすことを目的に、創造的な精神や実践的な能力の育成に重点を置くもので、近年、特に重要視されている。もとは義務教育を中心とした基礎教育段階における教育理念であり、1990年代初頭より、これまでの受験教育に代わるものとして繰り返し提唱されてきた。1999年6月13日の「中共中央国务院关于深化教改推进素质教育的决定」(中国共産党中央国務院が教育改革を深化し、素質教育を推進する決定) によって明確になった。素質教育として徳育「德育 déyù」、知育「智育 zhìyù」、体育「体育 tǐyù」、情操教育「美育 měiyù」、労働「劳动 láodòng」の5項目が挙げられている。2007年5月

---

**コラム　素質教育──中国の21世紀人材育成プロジェクト**

中国の国務院は、国家教育戦略として1999年6月13日付で「中共中央国务院关于深化教改推进素质教育的决定」(中国共産党中央国務院が教育改革を深化し、素質教育を推進する決定) とする21世紀に向ける人材養成プロジェクトとして打ち出した。今までの教育は毛沢東時代から「徳」「智」「体」、つまり、徳育、智育、体育を全面的に発達させる、いわゆる「三好学生 Sānhǎo xuésheng」の養成が目標であった。しかし、中華民族が社会主義の隆盛と民族の復興を維持するには、これまで実施してきた教育内容を21世紀にふさわしいものに改革する必要があった。このプロジェクトでは、これまでの徳育、智育、体育のほかに、「美育」と「労働」を加えた「五好 wǔhǎo」が、新世紀に対応できる人材作りとして重点が置かれた。「素質教育」の推進に当たっては、幼児教育から高等教育までを対象としている点に注目したい。以下、上記の1999年6月13日付の文書から「徳育(déyù)」「智育(zhìyù)」「体育(tǐyù)」「美育(měiyù)」「劳动(láodòng)」について簡単に紹介する。

### ① 徳育
マルクスレーニン主義、毛沢東思想、鄧小平理論をもとに、異なった年齢やニーズに応え、弁証唯物主義、歴史唯物主義教育によって、科学的世界観と人生観を提示する。そして愛国主義、集団主義、社会主義、中華民族のすぐれた文化伝統、理想、倫理道徳、マナー教育、中国近現代史、基本的国情、国内外の情勢、民主法制などの教育を行う。

### ② 智育
教育理念を修正し、積極的に啓発型や討論式の教育を取り入れ、独立心と創造性を育み、実質上教育の質を高める。大学生の育成目標では、創造能力、実践力、創業精神、人文学的素養と科学的素質の向上を重視する。

### ③ 体育
学校では健康第一をモットーとし、学生に体育活動によって基本的運動技能を習得させ、身体を鍛える習慣を身につけさせる。正課の体育カリキュラムと課外の体育活動に時間を確保する。地方人民政府は統一的に体育活動のための必要条件を整備する。

### ④ 美育
美育は、情操教育として素養を高め、知力開発することにあり、学生の全面的な成長には不可欠のものである。初等・中等教育においては、音楽、美術を、大学においては芸術を含む人文科学のカリキュラムに一定の選択必修科目を設けるべきである。

### ⑤ 労働
教育と生産労働を結びつけることは、人材育成の上で大変重要な道筋となる。それぞれの学校は、現実に基づいて学生の生産労働と実践教育を改革し、自然と接し、社会を理解し、労働を愛する習慣と刻苦奮闘する精神を養う。

大学では社会の実践能力を養うため、科学研究、技術開発と普及活動、そして社会奉仕への参加を促す。たとえば、休暇を活用してボランティアを組織し、都市と農村で工場、農場、医療、教育現場を訪問する。

留学

に公表された国家教育事業第11次5ヶ年計画要綱(2010年までの教育目標・政策を規定)の中にも、資質教育の推進が明記されている。現在では就学前教育から高等教育までの各段階、職業教育や成人教育はもちろんのこと、家庭や社会における教育までもが資質教育の対象に含まれるとされており、資質教育の実践の場は学校教育だけには留まらない(コラム「素質教育」参照)。

[例] **素质教育**是近年来教育领域的一个常见话题。
Sùzhì jiàoyù shì jìnniánlái jiàoyù lǐngyù de yīge chángjiàn huàtí.
素質教育は、最近の教育領域ではよく出る話題のひとつである。

## 中国人の留学

### 留学

中 公费留学生　gōngfèi liúxuéshēng
日 公費留学生　こうひりゅうがくせい

国費留学生、国家派遣留学生。留学には、国による派遣「国家公派 guójiā gōngpài」などの公費派遣のほかに、機関による派遣「単位公派 dānwèi gōngpài」で在学・在職している大学や研究所、企業が費用を負担するケース、そして私費留学「自費留学 zìfèi liúxué」がある。これらの留学生のうち、中国国費による国家留学生は5％を占める。留学生の帰国を促すため政府はさまざまな優遇政策を実施する一方で、2007年には新たな管理規定を制定し、国費留学生に対し帰国後2年間の国内勤務を義務付けた。違反者には、受給した奨学金の全額返還と、違約金として受給額の30％の追加支払いを求める。2008年8月の発表では、1978年からの30年間、海外留学より帰国した留学生は全体の約4分の1であるが、近年帰国率が増加しているという。

[例] 1978年中国政府在改革开放之后，往美国派遣了第一批**公费留学生**。
Yījiǔqībā nián Zhōngguó zhèngfǔ zài gǎigékāifàng zhī hòu, wǎng Měiguó pàiqiǎnle dìyī pī gōngfèi liúxuéshēng.
1978年、中国政府は改革開放直後に米国へ第一期の国費留学生を送った。

中 镀金　dùjīn
日 鍍金　めっき／ときん

箔をつける、肩書きを立派にする。「镀金 dùjīn」は「金メッキする」の意味。中国では勉強して箔をつけることは読书镀金「读书镀金 dúshū dùjīn」、留学して箔をつけるは留学镀金「留学镀金 liúxué dùjīn」といい、大変意味のあることである。したがって、箔をつ

ける「镀金 dùjīn」という言葉はプラスの意味でよく使われる。昔は日本でも留学して箔をつけるということはよく言われた。しかし、留学が珍しいものではなくなった現在では、留学という行為そのものよりも、留学をして得た中身がより重視されるようになった。ただのメッキ「镀金 dùjīn」ではダメだということで、今ではあまりいい意味では使われない。

[例] 前些年, 人们观念中有留学**镀金**的认识, 现在这种想法已经发生变化。
Qiánxiē nián, rénmen guānniàn zhōng yǒu liúxué dùjīn de rènshi, xiànzài zhèzhǒng xiǎngfǎ yǐjing fāshēng biànhuà
数年前の人々の観念にある「留学镀金」という考えは、現在すでに変化を見せている。

## 归国

中 海归　hǎiguī ／ 海龟　hǎiguī
日 海帰　かいき ／ 海亀　かいき

回帰。ウミガメが生まれたところに卵を産みに帰ってくることから、留学者が中国に帰ってくること、留学帰国者のことを指す。留学先で就職し、帰国しない優秀な人材を、政府が良い待遇の職場を用意して呼び戻すための施策とともに、この言葉が使われるようになった。

[例] 国内**海归**就业竞争激烈。
Guónèi hǎiguī jiùyè jìngzhēng jīliè.
国内での留学帰国者の就職競争は激しい。

中 海待　hǎidài ／ 海带　hǎidài
日 海待　かいたい ／ 海帯　かいたい

海外留学から帰国して仕事を待っている人。または海外留学して知識や技術を身につけて帰国したが、仕事が見つからない失業青年「待业青年 dàiyè qīngnián」。「海带」は海に漂う昆布の意味である。「待」「带」は同音。「海待 hǎidài」の出現は、一時の出国ブーム「出国热 chūguó rè」も冷めて、留学の真の意義を考える機会ともなっている。また留学者の中には、国内の大学に合格できず海外に留学したというケースも含まれているようで、「海归 hǎiguī」が優秀でなければ、「海待 hǎidài」になることを意味している。したがって、この言葉はネガティブな意味で使われる場合も多い。

[例] 现在出现很多海归变成**海待**的现象, 主要是个人能力与公司对海归人才的各项期待值不相符。
Xiànzài chūxiàn hěn duō hǎiguī biàn chéng hǎidài de xiànxiàng, zhǔyào shì gèrén nénglì yǔ gōngsī duì hǎiguī réncái de gèxiàng qīdàizhí bù xiāngfú.
現在、多くの留学帰国者が仕事を待つ失業者になるという現象が出てきている。主として個人の能力と会社の留学帰国者への期待値が適合していないことにある。

# 中国の高等教育

## 中国の教育制度

中 基礎教育　jīchǔ jiàoyù
日 基礎教育　きそきょういく

基礎教育。就学前教育、初等教育、普通中等教育を指し、職業教育、高等教育、成人教育と相対する概念である。就学前教育の幼稚園「幼儿园 yòu'éryuán」(1-3年制)、初等教育の小学校「小学 xiǎoxué」、普通中等教育のうち前期中等教育にあたる中学校「初级中学 chūjí zhōng xué」略して「初中」、後期中等教育にあたる高校「高级中学 gāojí zhōngxué」略して「高中」という。なお、中国の「高校 gāoxiào」は、日本の高校という意味ではなく、高等学校の略であり、高等教育機関すなわち大学などを指すので注意が必要。また、中国語には、日本語のような小学生を児童、中高生を生徒、大学生を学生という呼称の区別はなく、すべて「学生 xuésheng」という。なお、1983年の教育制度構造図（図2）と1997年以降のもの（図3）を比較すれば、大きく変化していることがわかる。

[例] **基础教育**是提供为一切人所共有的最低限度的知识、观点、社会准则和经验的教育.
Jīchǔ jiàoyù shì tígōng wéi yīqiè rén suǒ gòngyǒu de zuìdī xiàndù de zhīshi、guāndiǎn、shèhuì zhǔnzé hé jīngyàn de jiàoyù.

基礎教育は、すべての人に共通して最低限度の知識、観点、社会規範、経験を与える教育である。

中 九年制义务教育　jiǔ nián zhì yìwù jiàoyù
日 九年制義務教育　きゅうねんせいぎむきょういく

9年制義務教育。義務教育は日本同様、小学校6年+中学校3年の9年制である。9年制義務教育は、1986年に施行された法律により義務化され、経済の発達した地域より段階的に進められており、2006年時点で、普及地域は約98％に達した。

通常は6歳で小学校へ入学するが、就学条件の整っていない農村地域では5年制に短縮され、7歳から入学する。このような5年制小学校は全体の35％を占める。また、ごく少数だが4年制の中学校も存在する。就学は学区制を取っており、戸籍地を基準に原則3km以内の学校へと割り振られる。この制度を「就近入学 jiùjìn rùxué」という。授業料が無償である点は日本と同じだが、教科書は有償である。なお、中国教育部統計によれば、2008年の中国の小学校在校生数は約1億人となっている。表1参照。

[参考] 低所得家庭に対しては教科書の無償提供や生活補助費（寄宿生対象）の支給を実施してい

中国の教育制度

(図2)

## 1983年の中国の教育制度構造図

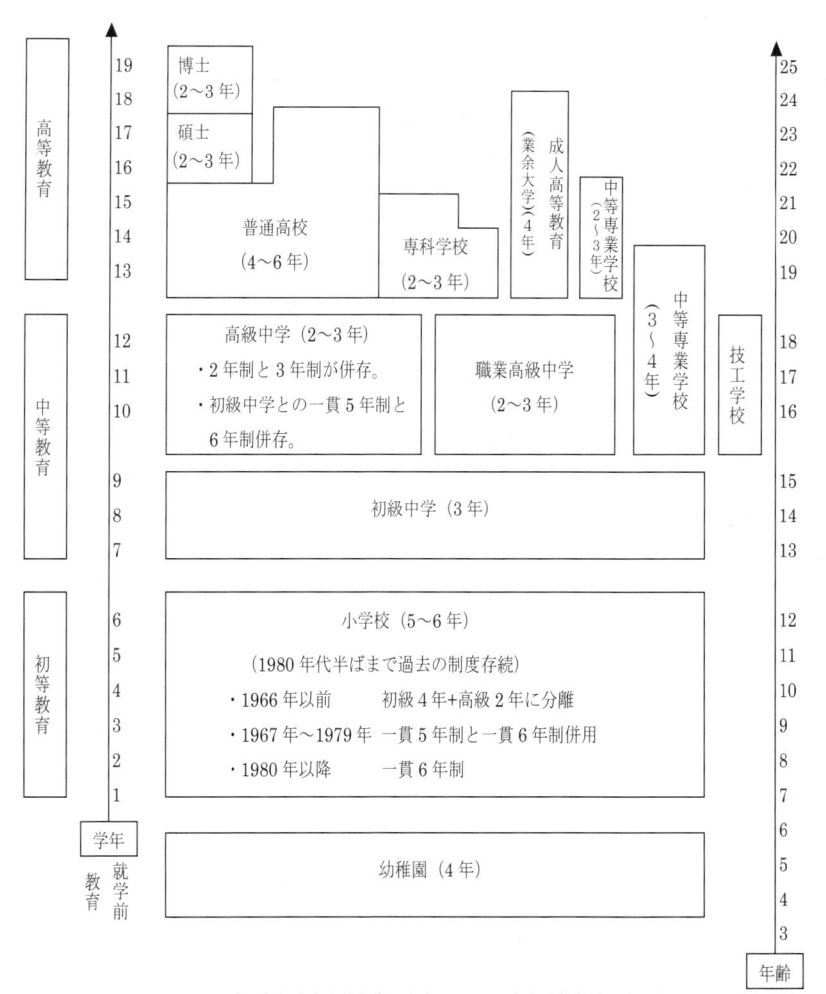

| 高等教育 | 19<br>18<br>17<br>16<br>15<br>14<br>13 | 博士 (2〜3年)<br>碩士 (2〜3年)<br>普通高校 (4〜6年) | 専科学校 (2〜3年) | (業余大学)(4年) 成人高等教育 | 中等専業学校 (2〜3年) | | 25<br>24<br>23<br>22<br>21<br>20<br>19 |
| --- | --- | --- | --- | --- | --- | --- | --- |
| 中等教育 | 12<br>11<br>10<br>9<br>8<br>7 | 高級中学 (2〜3年)<br>・2年制と3年制が併存。<br>・初級中学との一貫5年制と6年制併存。<br>初級中学 (3年) | 職業高級中学 (2〜3年) | | 中等専業学校 (3〜4年) | 技工学校 | 18<br>17<br>16<br>15<br>14<br>13 |
| 初等教育 | 6<br>5<br>4<br>3<br>2<br>1 | 小学校 (5〜6年)<br>(1980年代半ばまで過去の制度存続)<br>・1966年以前　初級4年+高級2年に分離<br>・1967年〜1979年　一貫5年制と一貫6年制併用<br>・1980年以降　一貫6年制 | | | | | 12<br>11<br>10<br>9<br>8<br>7 |
| 就学前教育 | 学年 | 幼稚園 (4年) | | | | 年齢 | 6<br>5<br>4<br>3 |

－中国東北師範大学高等教育研究室の1984年大学講義資料に基づく－

中国の教育制度　　　　　　62

（図3）　　　　　1997年以降の中国の教育制度構造図

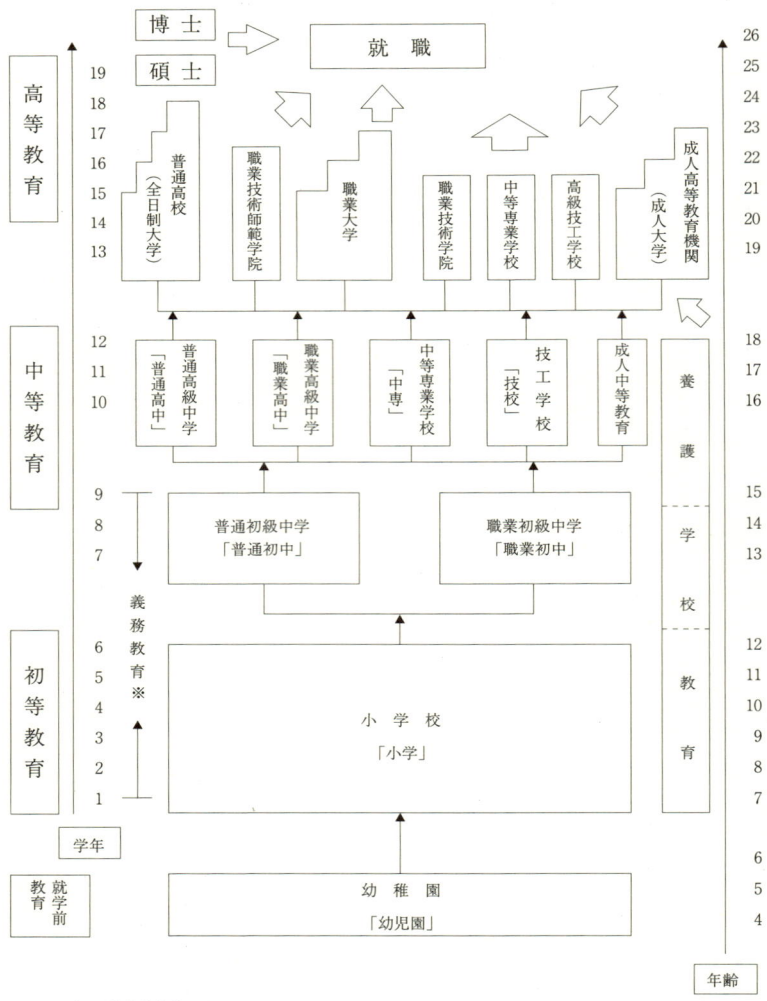

|  | 学年 |  |  |  |  |  |  |  |  | 年齢 |
|---|---|---|---|---|---|---|---|---|---|---|

博士 ⇒ 就職
碩士

高等教育：普通高校（全日制大学）／職業技術師範学院／職業大学／職業技術学院／中等専業学校／高級技工学校／成人高等教育機関（成人大学）　（13〜19学年、年齢19〜26）

中等教育：普通高級中学「普通高中」／職業高級中学「職業高中」／中等専業学校「中専」／技工学校「技校」／成人中等教育　（10〜12学年、年齢16〜18）

普通初級中学「普通初中」／職業初級中学「職業初中」　（7〜9学年、年齢13〜15）

初等教育：小学校「小学」　（1〜6学年、年齢7〜12）

養護学校教育

義務教育※

就学前教育：幼稚園「幼児園」　（年齢4〜6）

※ 1986年に義務教育化した。　　— 中国国家教育部、職業技術教育中心研究所
　　　　　　　　　　　　　　　　職業教育与成人教育司『職業教育年度報告1997』に基づく—

(表1)　　　中国の小中学校数と在校生数（2008年）

<中国教育部統計から作成>

| 各レベル教育機関 | 学校数 | 在校生数 | 入学定員 |
|---|---|---|---|
| 小学校（計） | 349,126 | 105,665,928 | 16,957,150 |
| 小学校 | 300,854 | 103,315,122 | 16,957,150 |
| 成人小学 | 48,272 | 2,350,806 | —— |
| 中学校（計） | 59,315 | 56,282,860 | 18,595,954 |
| 普通中学 | 57,701 | 55,741,542 | 18,561,663 |
| 職業中学 | 213 | 108,168 | 34,291 |
| 成人中学 | 1,401 | 433,150 | —— |

る。かつては、諸経費（暖房、スクールバス、副教材などの費用）の徴収が認められていた。一部の学校は、これにかこつけて、さまざまな名目で高額の費用を徴収し、貧しい農村地域の児童・生徒の就学の障害となっていた。9年制義務教育の完全普及を目指す政府は、2004年から2007年の間、二つの基本計画「两基liǎng jī」を実施して、義務教育の普及事業を強化すると同時に、2006年に義務教育法で諸経費の無償化を定めた。貧困地域から段階的に進めていくこととし、2008年には全地域で無償化を達成した。なお、免除分の費用については、中央政府と地方政府が共同で負担している。

[例] 2006年9月1日，新修訂的《中华人民共和国义务教育法》开始施行，指出实施**义务教育**不收学费杂费。

Èrlínglíngliù nián jiǔyuè yī rì, xīn xiūdìng de 《Zhōnghuá rénmín gònghéguó yìwù jiàoyùfǎ》 kāishǐ shīxíng, zhǐchū shíshī yìwù jiàoyù bù shōu xuéfèi záfèi.

2006年9月1日、新しく「中華人民共和国義務教育法」が改定施行され、義務教育の実施には学費と雑費を徴収しないことが示された。

## 高等教育行政改革

🀄 教育部　jiàoyùbù
🇯🇵 教育部　きょういくぶ

教育部。日本の文部科学省に相当する。教育、文字・言語に関する国務院（日本の内閣に相当）直属の行政機関。教育部には基礎教育司、職業教育・成人教育司、高等教育司、民族教育司、師範教育司など22の部局が置かれている。なお、全国の教

## 高等教育行政改革

育行政を担当する機関としては、直轄市に教育委員会、略して「教委 jiàowěi」が置かれ、各地方省自治区には人民政府の下に教育庁、さらに市・県には教育局が置かれている。なお、詳しくは上海市の教育行政組織図（図4）を参照。

〔例〕**教育部**日前就《通用规范汉字表》（征求意见稿）公开征求意见，"琴"、"亲"、"魅"等44个汉字的字形拟作调整。

Jiàoyùbù rìqián jiù《Tōngyòng guīfàn Hànzì biǎo》(zhēngqiú yìjiàn gǎo) gōngkāi zhēngqiú yìjiàn, "qín"、"qīn"、"mèi" děng sìshísì ge Hànzì de zìxíng nǐ zuò tiáozhěng.

教育部は、現在「通用規範漢字表」について、公開で意見を募集し、「琴」（琴）、「亲」（親）、「魅」（魅）など44の漢字の字形を模作調整している。

🈠 211 工程　èryāoyāo gōngchéng
🈝 211 工程　にいちいち　こうてい
211 工程または211プロジェクト。211工程とは、1992年11月の全国普通高等教育工作会議で李鉄映国家教育委員会主席が発表したもので、21世紀に100の重点大学をつくるプロジェクトである。「21」世紀と「100」校で「211」。1993年にアウトラインができ、1995年から正式にプロジェクトが着手

（図4）

### 上海市の教育行政組織図

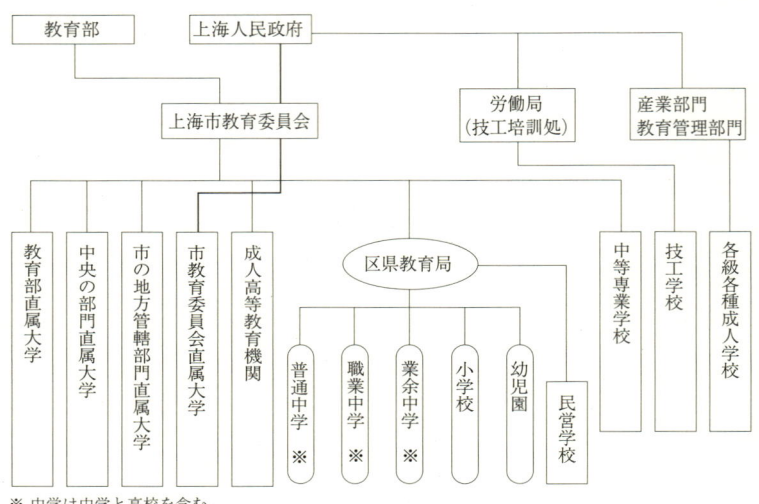

```
    ┌─────────┐   ┌──────────┐
    │ 教育部  │   │上海人民政府│
    └────┬────┘   └─────┬────┘
         │              │
         │   ┌──────────┴──┐──────────┐
         │   │             │          │
    ┌────┴───┴──┐  ┌────────┴──┐ ┌─────┴──────┐
    │上海市教育委員会│  │ 労働局    │ │ 産業部門   │
    │           │  │(技工培訓処)│ │教育管理部門│
    └───┬───────┘  └───────────┘ └────────────┘
        │
  ┌──┬──┬──┬──┬──────┐
  │  │  │  │  │      │
 教 中 市 市 成  区県教育局   中 技 各
 育 央 の 教 人              等 工 級
 部 の 地 育 高              専 学 各
 直 部 方 委 等              業 校 種
 属 門 管 員 教              学     成
 大 直 轄 会 育              校     人
 学 属 部 直 機              │     学
    大 門 属 関              民     校
    学 直 大                  営
       属 学                  学
       大                    校
       学    普 職 業 小 幼
             通 業 余 学 児
             中 中 中 校 園
             学 学 学
             ※ ※ ※
```

※ 中学は中学と高校を含む。

── 上海市人民政府新聞辦公室、上海教育委員会主編『上海教育概覧98』に基づく──

された。2005年10月現在107大学が認定された。2009年8月現在も変わりない。

[参考] かつて国家重点大学は、教育部、中央の各部・委員会の所轄の大学のみであったが、211工程では地方の各省政府管轄の大学からも国家重点大学に選ばれている。当初の目的は、①大学の自主的な発展を促進する、②大学の長期計画を支援する、③高等教育の改革を推し進める、④中国の大学全体の収容能力と国際競争力を高める、⑤国際的な協力と交流の機会を増加させるなどであった。211工程と同時に大学の合併や連合大学、民営大学急増の動きがあり、また大学独自の財源創出といったことが各大学で行われるようになった。これまでの均等主義に対して効率を追求する自由競争主義を取り入れた大学行政管理の改革が進められた。なお、類似の政策として、高等職業教育を行う学校を100校選んで重点投資する国家示範性高等職業院校建設計画「国家示范性高等职业院校建设计划 guójiā shìfànxìng gāoděng zhíyè yuànxiào jiànshè jìhuà」というものがあり、第11次5ヶ年計画（2006年から5年間）の中でも、方針に言及している。

[例] 通过**211工程**，一些高等院校得到了很好的发展。
Tōngguò èryāoyāo gōngchéng, yīxiē gāoděng yuànxiào dédàole hěn hǎo de fāzhǎn.
211工程を通じて、一部の大学は大きな発展を遂げた。

中 重点大学　zhòngdiǎn dàxué
日 重点大学　じゅうてんだいがく
重点大学。国家または地方政府が特に重点を置き支援する大学。中国の大学には、かつて教育部直轄のほか中央の部・委員会が所轄する大学と各地方の省・自治区の政府が所轄する大学があり、その後に民営大学が登場した。重点大学には、かつて一般に知られている国家重点大学と、各地方の省・自治区が指定する省重点大学があった。しかし、現在では、211工程で指定された国家重点大学を重点大学と呼んでいる。

[参考] 2005年10月までに107校が重点大学に指定されたが、その中には、教育部直轄の大学のほか、地方の省・自治区所轄の大学が含まれている。なお、かつての中央の各部・委員会が所轄する大学は、90年代末の大学管理体制の調整により、教育部直轄もしくは地方の省・自治区の政府に移管された。現在、大学は、教育部と地方の省・自治区、直轄市の政府によって所轄されている。このうち教育部に直属する大学は、2009年現在75校である。2007年教育統計では、中国の成人大学を除く全日制大学「普通高校 pǔtōng gāoxiào」は1,908校である。そのうち学士学位が授与できる4年制の本科「本科 běnkē」が740校、2年から3年制

の専科「专科 zhuānkē」が1,168校となっている。「专科 zhuānkē」では職業教育を主とした職業技術学院「职业技术学院 zhíyè jìshù xuéyuàn」が1,015校となっている。このほかに民辦大学「民办大学 mínbàn dàxué」(民営大学)が906校ある。民営大学は2004年の1,187校から減少している。
〖例〗国家给每个**重点大学**投入了大量的资金。
Guójiā gěi měi ge zhòngdiǎn dàxué tóurùle dàliàng de zījīn.
国家は、各重点大学にたくさんの資金を支給した。

🀄 985工程　jiǔbāwǔ gōngchéng
🇯🇵 985工程　きゅうはちごこうてい
985工程または985プロジェクトと呼ぶ。985工程は、1998年5月4日に国家主席江沢民が北京大学創立100周年大会で「現代化の実現のため、中国は世界先進レベルの一流大学を備えるべき」と提言した。これを受けて、国務院は教育部に「21世紀教育振興行動計画」を指示し、この中で北京大学、清華大学等の一部の大学を世界一流の高水準の大学にするために重点的に支援することを決定した。これまでに第1期34校、第2期4校の38校が指定されている。211工程では、各省政府管轄の大学も重点大学に認定されたが、985工程では、すべて教育部直轄(旧中央各部・委員会所轄が含まれる)の大学のみとなっている。資金は、第1期に142億元(1元＝13円の換算では、1,846億円)、第2期は191億元(同じ換算で2,483億円)が投入されている。
〖例〗211工程的不断扩军,使得没有列入**985工程**的教育部211高校感到了莫大的压力。
Èryāoyāo gōngchéng de bùduàn kuòjūn, shǐdé méi yǒu lièrù jiǔbāwǔ gōngchéng de jiàoyùbù èryāoyāo gāoxiào gǎndàole mòdà de yālì.
211工程の絶え間ない拡張は、985工程に選ばれなかった教育部の211の大学に大きな圧力を感じさせた。

🀄 西部开发助学工程　xībù kāifā zhùxué gōngchéng
🇯🇵 西部開発助学工程　せいぶかいはつ　じょがくこうてい
西部開発奨学工程、西部開発奨学プロジェクト。資源は豊かであるが、立ち遅れている西部地域を開発する西部大開発プロジェクト「西部大开发 xībù dàkāifā」が2000年ごろに立ち上がり、その後2001年ごろから、この奨学プロジェクトが動き出した。内容は、西部12の省(区、市)と新疆生産建設兵団に対する人材支援である。12の省(区、市)とは、広西省、重慶市、四川省、陝西省、新疆ウイグル自治区、雲南省、貴州省、内蒙古自治区、甘粛省、チベット自治区、寧夏回族自治区、青海省である。大学への入学前に対象者を選考し、奨学金を支給する。支援規模は奨学金受給学生の人数で示されている。ちなみに2001年は、大学生1,100名であった。2003年からは「高中宏志班

gāozhōng hóngzhìbān」(高校生「宏志」クラス)ができ、2007年の募集枠は、大学生2,160名、高校生2,250名にまで拡大している。ちなみに「宏志」は偉大な志という意味である。

〔例〕今年全市考取省高中"宏志班"的11名学生喜获**"西部开发助学工程"**助学金。
Jīnnián quán shì kǎoqǔ shěng gāozhōng "hóngzhìbān" de shíyī míng xuésheng xǐ huò "xībù kāifā zhùxué gōngchéng" zhùxuéjīn.
今年市内では、省高校「偉大な志のクラス」に合格した11名の学生がめでたく「西部開発助学プロジェクト」助学金を獲得した。

---

<br>中 校办产业　xiàobàn chǎnyè
<br>日 校辦産業　こうべんさんぎょう

学校の産業。学校が独自で出資し直接経営する企業と、共同出資の企業がある。利点は、自校の学生がそこでインターンシップを利用できることである。中国では、昔から自営の工場「校办工厂 xiàobàn gōngchǎng」を持つ大学が多い。データは少し古いが、教育部科学技術発展センター「教育部科技发展中心」の「2002年度全国全日制大学の学校経営産業統計分析報告」によれば、2002年現在では、1,534校が5,047社の企業を運営している。うち大学独自による出資は3,802社の75%、国内企業との合弁は1,211社の24%、外資との合弁は34社の1%となっている。全国で720億元(1元13円で9,360億円)の収入総額があり、収入総額が10億元以上の大学は、北京大学、清華大学、浙江大学、東北大学、同済大学など13大学もある。国家への納税金も全国で36億元(1元13円で468億円)となっている。これによって、投資の44%を占める科学技術型企業の資産負債比率は54%となっており、今後大学企業の運営によっては、破産する大学が出てくる可能性もある。

〔例〕改革开放20多年来特别是近几年,我国高校的**校办产业**无论是规模还是效益都得到了快速发展,但也暴露出一些问题。
Gǎigé kāifàng èrshíduō nián lái tèbié shì jìn jǐ nián, wǒ guó gāoxiào de xiàobàn chǎnyè wúlùn shì guīmó háishì xiàoyì dōu dédàole kuàisù fāzhǎn, dàn yě bàolùchū yīxiē wèntí.
改革解放20数年来、特にここ数年、我が国の大学産業は、規模であれ利益であれ、いずれも速いスピードで発展したが、いくつかの問題が表面化した。

---

## 高等教育制度

中 高等学校　gāoděng xuéxiào／高校 gāoxiào
日 高等学校　こうとうがっこう／高校 こうこう

高等教育機関。「高等学校 gāoděng xuéxiào」「高校 gāoxiào」は、漠然と高等教育または大学を指す。「高等院校 gāoděng yuànxiào」は、高

(表2)　　　中国の大学数と在校生数（2008年）

&lt;中国教育部統計から作成&gt;

| 高等教育機関 | 学校数 | 在校生数 | 入学生数 |
|---|---|---|---|
| 全日制大学（計） | 2,263 | 20,210,249 | 6,076,612 |
| 全日制大学（本科） | 1,079 | 11,042,207 | 2,970,601 |
| 全日制大学（専科） | 1,184 | 9,168,042 | 3,106,011 |
| 成人大学（計） | 400 | 5,482,949 | 2,025,552 |
| 成人大学（本科） | —— | 2,352,832 | 831,362 |
| 成人大学（専科） | —— | 3,130,117 | 1,194,190 |
| 民営大学（計） | 640 | 4,012,486 | 1,346,311 |
| 民営大学（本科） | —— | 2,232,857 | 669,939 |
| 民営大学（専科） | —— | 1,779,629 | 676,372 |
| うち独立学院 | 322 | 2,148,640 | 649,911 |
| 独立学院（本科） | —— | 1,933,041 | 574,026 |
| 独立学院（専科） | —— | 215,599 | 75,885 |
| その他民営高等教育機関 | 866 | —— | —— |
| 大学院（計） | —— | 1,283,046 | 446,422 |
| 碩士（博士前期課程） | —— | 1,046,429 | 386,658 |
| 博士（博士後期課程） | —— | 236,617 | 59,764 |

＊　本科：4年制、専科：2－3年制

等教育機関の大学、学院を意識した表現であり、「大专院校 dàzhuān yuànxiào」は、特に2-3年制課程の学院を指した表現である。高等教育機関は、全日制大学「普通高等学校 pǔtōng gāoděng xuéxiào」のほか、通信大学、放送大学などの高等教育機関「成人高等学校 chéngrén gāoděng xuéxiào」もある。高等教育の中には職業教育を目的とする職業技術大学や仕事を持つ社会人を対象とした成人大学などもある。また、近年は民営（私立）の高等教育機関、民営大学「民办高校 mínbàn gāoxiào」も増加しており、高等教育が急速に普及している。授業料は、専攻によって基準額が異なるが、一口に国立といっても各省毎に異なる。平均年額は4,000～4,500元（6万円程度）である。ちなみに授業料の無償制は1989年に原則廃止された。なお、日本語の高等学校（高校）とは同形異義であ

高等教育制度

り、中国語には高校という意味はないので、注意が必要である。表2参照。
〔例〕2008年普通**高等学校**招生607.7万人，在校生2021.0万人，毕业生512.0万人。
Èrlínglíngbā nián pǔtōng gāoděng xuéxiào zhāoshēng liùbǎilíngqī diǎn qī wàn rén, zàixiàoshēng liǎngqiān líng èrshíyī diǎn líng wàn rén, bìyèshēng wǔbǎiyīshíèrdiǎnlíng wàn rén.
2008年全日制大学の募集人数は、607.7万人で、在校生は2,021万人、卒業生は512万人であった。

中 高等教育　gāoděng jiàoyù／高教　gāojiào
日 高等教育　こうとうきょういく／高教　こうきょう

高等教育。高等教育は2-3年制の専科「专科 zhuānkē」(短大レベル)、4年制(医学部など一部5年制)の「本科 běnkē」(学部レベル)、2〜3年の「硕士 shuòshì」(修士レベル)、3〜4年の「博士 bóshì」(博士後期課程レベル)で行われ、「専科」を除いた学部レベル以上の課程で、それぞれ対応した学位（学士、硕士、博士）が授与されている。教育対象者や教育内容の別により、普通高等教育、成人高等教育、高等職業教育に分類される。高等教育機関の募集定員は教育部が策定しており、年々拡大傾向にある。1998年には108万人だったが、1999年からの高等教育拡大政策により、2007年には567万人まで増加している。ちなみに2008年の高等教育機関における外国人留学生受け入れ人数は、中国教育部統計によれば、10万6千人となり、増加しつつある。表3参照。その一方で、高等教育の質の低下が懸念されており、2007年1月より、教育部と財政部の共同で、新たなプロジェクトである、大学学部教育の質向上と授業改革プロジェクト「高等学校本科教学质量与教学改革工程 gāoděngxuéxiào běnkē jiàoxué zhìliàng yǔ jiàoxué gǎigé gōngchéng」を開始している。
〔例〕**高等教育**规模发展迅猛，截至2008年已经能够适应中国现代化发展的需求，甚至已经表现出过剩迹象。
Gāoděng jiàoyù guīmó fāzhǎn xùnměng, jiézhì èrlínglíngbā nián yǐjīng nénggòu shìyìng Zhōngguó xiàndàihuà fāzhǎn de xūqiú, shènzhì yǐjīng biǎoxiànchū guòshèng jìxiàng.
高等教育の規模は猛烈なスピードで拡大し、2008年までにすでに中国現代化への需要に適応できているだけでなく、すでに過剰の兆しさえみられる。

中 学院　xuéyuàn
日 学院　がくいん

「学院 xuéyuàn」は、小規模の単科大学という意味と、複数の学科を持つ総合大学における学部という二つの日本語訳が当てはまる。中国の総合大学の組織は、「大学 dàxué（大学）—学院 xuéyuàn(学部)—系 xì(学科)

(表3)

中国の高等教育機関における外国人留学生受入れ（2008年）

【入学生と在学生数】

|  | 入学生（秋・春を含む） | 在校生 |
|---|---|---|
| 博士 | 1,101 人 | 3,221 人 |
| 碩士（修士） | 3,839 人 | 7,522 人 |
| 本科（学部4年制） | 14,540 人 | 49,855 人 |
| 専科（学部2-3年制） | 355 人 | 613 人 |
| 培訓（短期学生） | 51,459 人 | 45,659 人 |
| 合計 | 71,294 人 | 106,870 人 |

＜国別内訳＞

|  | 入学生（秋・春を含む） | 在校生 |
|---|---|---|
| アジア | 47,538 人 | 79,054 人 |
| アフリカ | 3,608 人 | 6,220 人 |
| ヨーロッパ | 11,888 人 | 12,727 人 |
| 北米 | 6,377 人 | 6,397 人 |
| 南米 | 1,070 人 | 1,491 人 |
| オーストラリア | 813 人 | 981 人 |

＜留学費支援別内訳＞

|  | 入学生（秋・春を含む） | 在校生 |
|---|---|---|
| 国際組織の支援 | 124 人 | 148 人 |
| 中国政府の支援 | 7,325 人 | 12,271 人 |
| 本国政府の支援 | 741 人 | 1,385 人 |
| 学校間の交換 | 5,445 人 | 5,346 人 |
| 自費 | 57,659 人 | 87,720 人 |

（中国教育部統計より）

－专业 zhuānyè（コース専攻）」の順で小さな組織になっていく。単科大学のような規模の小さな大学の組織では、「学院(大学)—系(学部)—専业(学科)」となる。英訳では、「大学 dàxué」は University で、「学院」は College と訳されている。中国と日本では、もともと学生数など規模が異なり、「学院」は日本の学部よりも規模が少し大きく、「系」は日本の学部より学生数が少し少ない。英訳がピッタリするのは、北米と中国の大学組織が似通っているからである。日本では「○○学院大学」という名称の大学があるが、中国人には規模の小さな単科大学であると誤解を招く恐れがある。日本における学院は、学校法人組織であり、その下に大学が設置される。中国の「○○学院」という名称の大学の場合、4年制もあるが、2-3年制の職業大学であることが多い。

[例] 某交通大学设有 19 个**学院**（部）和 3 个临床教学医院。
Mǒu jiāotōng dàxué shè yǒu shíjiǔ ge xuéyuàn (bù) hé sān ge línchuáng jiàoxué yīyuàn.
某交通大学は、19の学部と三つの臨床教育病院を備えている。

---

中 成人高等教育　chéngrén gāoděng jiàoyù
日 成人高等教育　せいじん　こうとうきょういく

成人高等教育。高校卒業以上の学歴を持つ人を対象にした高等教育で、多様な方法による教育が行われている。中国の高等教育機関は、大きく普通高等教育と成人高等教育に分かれるが、そのほかに軍事高等教育もある。普通高等教育は全日制の教育機関であり、主として現役高校生や浪人生を対象としている。成人高等教育には多様な形態の教育機関があり、主として社会人を対象としている。成人高等教育では、学士学位を授与できる機関がほとんどないため、成人高等教育機関の学生は、「高等教育自学考試」(「自学考试 zìxuékǎoshì」の項目参照)による方法で学士学位取得を目指す。

[参考] 成人高等教育機関の学習形態としては主に、①仕事を離職して学ぶ、脱産「脱产 tuōchǎn」(脱産業型)、②仕事を続けながら学ぶ、業余「业余 yèyú」(余暇型)・半脱産「半脱产 bàntuōchǎn」(半脱産業型)・夜大「夜大 yèdà」(夜間大学型)、③その他、技術的面から通信教育による、函授「函授 hánshòu」(通信教育型)がある。仕事を離職して学ぶ場合は、本科（大学学部に相当）は4年、専科（短期大学に相当）は2年で修了、仕事を続けながら学ぶ場合、または通信教育の場合には、本科は5年、専科は2年半で修了になる。なお、学習機関としては、テレビ放送大学「广播电视大学 guǎngbō diànshì dàxué」、労働者大学「职工高等学校 zhígōng gāoděng xuéxiào」、職業技術大学「职业技术学院 zhíyè jìshù xuéyuàn」、農民大学「农民高等学

校 nóngmín gāoděng xuéxiào」、管理幹部大学「管理干部学院 guǎnlǐ gànbù xuéyuàn」、教育学院「教育学院 jiàoyù xuéyuàn」、独立して設置された通信大学「函授学院 hánshòu xuéyuàn」のほか、普通高等教育機関に附設された成人大学「成人教育学院 chéngrén jiàoyù xuéyuàn」などがある。

〔例〕**成人高等教育**是中国高等教育的重要组成部分，但目前的发展模式也面临着改革压力。
Chéngrén gāoděng jiàoyù shì Zhōngguó gāoděng jiàoyù de zhòngyào zǔchéngbùfen, dàn mùqián de fāzhǎn móshì yě miànlínzhe gǎigé yālì.
成人高等教育は、中国高等教育の重要な部分を成している。しかし現在の発展モデルもまた改革の圧力に直面している。

中 自学考试　zìxué kǎoshì／高等教育自学考试　gāoděngjiàoyù zìxué kǎoshì／自考　zìkǎo
日 自学考試　じがくこうし／高等教育自学考試　こうとうきょういく　じがくこうし／自考　じこう
自学考試。正式な名称は、高等教育自学考試全国統考課程考試「高等教育自学考试全国统考课程考试 gāoděngjiàoyù zìxué kǎoshì quánguó tǒngkǎo kèchéng kǎoshì」。大学（高等教育課程）を修了した者と同等の資格を取得するための試験。2009年は4月18日、19日の2日間で実施された。中国では独学で、あるいは学位授与資格のない成人高等教育機関に在籍して勉強し、「自学考試」で一定の必要科目に合格すれば、大学と同等の学歴を取得できる。試験は単位取得科目ごとに実施されるので個人の専攻に応じて選択できる。試験に合格した者には、その内容によって「大学专科 dàxué zhuānkē」(大学専科、2-3年制大学)卒業、あるいは「大学本科 dàxué běnkē」(大学本科、4年制大学学部)卒業の高等教育修了証明書が発行される。さらに大学本科卒業生は申請により「学士学位」を取得することもできる。中国の高等教育法は、自学考試合格で取得した学歴と普通高等教育機関で取得した学歴との間に差はないことを明確にしている。

〔例〕高等教育**自学考试**报名时间已经公布。报名时间为8月15日至25日，考试时间为10月24日。
Gāoděng jiàoyù zìxué kǎoshì bàomíng shíjiān yǐjīng gōngbù. Bàomíng shíjiān wéi bāyuè shíwǔ rì zhì èrshíwǔ rì, kǎoshì shíjiān wéi shíyuè èrshísì rì.
高等教育自学考試の出願期間は、すでに公表されている。出願期間は8月15日から25日で、試験は10月24日である。

## 通信教育・生涯学習

🀄 电视教育　diànshì jiàoyù
🇯🇵 電視教育　でんしきょういく

テレビ教育。ラジオ・テレビ教育は、電子情報技術を主な手段として、ラジオ、テレビ、文字、音映像テキスト、コンピュータとネットワーク等、多様な媒体を活用し、開放性ある遠隔教育の高等教育である。中国の成人教育および高等教育の重要な構成部分をなす。中国のラジオ・テレビ大学「广播电视大学 guǎngbō diànshì dàxué」は1979年に創設され、現在、中央電視大学「中央电视大学 Zhōngyāng diànshì dàxué」と44の省レベルのラジオ・テレビ大学、841の市レベルの分校と1,740の県レベルの事務局を持っている。中国のラジオ・テレビ大学は、世界最大の遠隔教育システムである。現在中国全国のラジオ・テレビ大学の学生は、80％以上が社会人で、20歳から35歳の青年が多い。40歳から50歳、さらには60歳以上の人もいる。ラジオ・テレビ大学の専科の学費は、1年間1,100〜1,500元（20,000円程度）で、3年間で修了するまでに6万円程度かかる。本科の場合は1科目330〜400元で、修了には5,000〜6,000元（78,000円程度）かかる。なお、「电化教学 diànhuà jiàoxué」とは録音、テレビ、LLを使った視聴覚教育のことで、「电教中心 diànjiào zhōngxīn」とはメディアセンターのことである。

〔例〕广播电视教育是以现代电子信息技术为主要手段，采用广播、电视、文字、音像教材、计算机和网络等多种媒体进行远程教育。

Guǎngbō diànshì jiàoyù shì yǐ xiàndài diànzǐ xìnxī jìshù wéi zhǔyào shǒuduàn, cǎiyòng guǎngbō、diànshì、wénzì、yīnxiàng jiàocái、jìsuànjī hé wǎngluò děng duōzhǒng méitǐ jìnxíng yuǎnchéng jiàoyù.

ラジオ・テレビ教育は、現代の電子情報技術を主な手段として、放送、テレビ、文字、音映像テキスト、コンピュータとネットワーク等、多様な媒体を活用した遠隔教育である。

🀄 函授教育　hánshòu jiàoyù
🇯🇵 函授教育　かんじゅきょういく

通信教育。国家統一の成人大学の入学試験を受験し、合格後、3年以内の計画で専門課程を学ぶ。週末、夏季休暇、冬季休暇などに、決まった場所で担当教員の授業を受け、試験に合格すればよい。教材は学校から支給され、自分自身で閲読し、テレビ講座、コンピュータ等の方式で学習が進められ、教員との交流は通信、メール等で行われる。宿題も同様に通信、メールで提出する。数日のスクーリングと試験によって修了証が交付される。卒業はそれほど難しくない。生涯学習は、継続教育「继续教育 jìxùjiàoyù」といわれる（「继续教育」の項目参照）。

〔例〕现在的函授教育以在职、业余、

職業教育

自学为主，面授为辅，也被称为没有围墙的大学，可以远程教学，不受空间、时间和地点的限制。

Xiànzài de hánshòu jiàoyù yǐ zàizhí、yèyú、zìxué wéi zhǔ, miànshòu wéi fǔ, yě bèi chēngwéi méiyǒu wéiqiáng de dàxué, kěyǐ yuǎnchéng jiàoxué, bù shòu kōngjiān、shíjiān hé dìdiǎn de xiànzhì.

現在の通信教育は、在職、余暇、自習を中心とし、スクーリングを補助とするもので、壁のない大学ともいわれ、遠隔教育が可能であり、空間や時間や場所の制限を受けない。

中 远程教育　yuǎnchéng jiàoyù／远程教学　yuǎnchéng jiàoxué／空中教育　kōngzhōng jiàoyù

日 遠程教育　えんていきょういく／遠程教学　えんていきょうがく／空中教育　くうちゅうきょういく

遠隔教育、eラーニング。中国の遠隔教育は1950年代初めに開始され、第1世代は通信教育が主で、第2世代はラジオ・テレビ教育が主となった。2000年までに高等教育を遠隔教育で受けた人は5,000万人である。現代は第3世代に入り、主にインターネットと電気通信による方式である。ただし、現在はこの三つの方法が同時に使用されている。1998年に教育部が発行した「21世紀に向けての教育振興行動計画」は、開放式教育ネットワークを形成し、終身学習体系の構築を目指している。また教育部2000年度工作会議では、インターネットによる遠隔教育の発展の重要性を強調している。（「电视教育 diànshì jiàoyù」「函授教育 hánshòu jiàoyù」の項目参照）。

〔例〕某大附中附小远程教育网拥有全市最优秀的教师队伍。

Mǒudà fùzhōng fùxiǎo yuǎnchéng jiàoyù wǎng yōngyǒu quánshì zuì yōuxiù de jiàoshī duìwǔ.

某大学付属中学校、小学校の遠隔教育ネットワークは、市内のもっとも優秀な教師陣を有している。

## 中等職業教育

職業教育

中 职业教育　zhíyè jiàoyù
日 職業教育　しょくぎょうきょういく

職業教育。産学共同が進んでおり、日本の学校に比べるとかなり実学的で具体的な内容が含まれる。労働法が1995年1月1日から実施され、職業教育法は1996年9月1日から実施された。中国の職業教育は、初等教育においては職業高中「职业初中 zhíyè chūzhōng」が、中等教育においては中専「中专 zhōngzhuān」、技工学校「技工学校 jìgōng xuéxiào」、職業高中「职业高中 zhíyè gāozhōng」が、高等教育にいては大専「大专

(表4)

中国の高校数と在校生数（2008年）

<中国教育部統計から作成>

| 後期中等教育機関 | 学校数 | 在校生数 | 入学生 | 卒業生 |
|---|---|---|---|---|
| 高等学校全体 | 30,806 | 45,760,735 | 16,491,166 | 14,260,560 |
| 普通科（計） | 15,959 | 24,889,862 | 8,370,063 | 8,453,965 |
| 全日制高校 | 15,206 | 24,762,842 | 8,370,063 | 8,360,593 |
| 成人高校 | 753 | 127,020 | —— | 93,372 |
| 中等職業教育（計） | 14,847 | 20,870,873 | 8,121,103 | 5,806,595 |
| 中等専業学校 | 3,846 | 8,172,794 | 3,037,844 | 2,205,624 |
| 成人中等専業学校 | 1,983 | 1,206,459 | 558,314 | 388,977 |
| 職業高校 | 5,915 | 7,503,168 | 2,906,581 | 2,116,323 |
| 技工学校 | 3,103 | 3,988,452 | 1,618,364 | 1,095,671 |

dàzhuān」が、その役割を果たしている。「大专」はもともと普通大学を圧縮した短期大学という名称で、地場産業の需要に応える人材育成を担い、学生募集も地元からで職業性が強いことから短期職業大学と呼ぶようになったらしい。現在では「大专」は「学院」といった名称で呼ばれる機関が多い。2-3年制で卒業すれば、大專学歴「大专学历 dàzhuān xuélì」という学歴となる。中等職業教育機関の「中专」「技工学校」「职业高中」の3校は、時代の変化とともに社会のニーズが急激に変化し、カリキュラムも大きく変更した。財務会計など一時的に人材不足となった分野も、人材が過剰となれば学科は廃止され、コンピュータなど新しい学科の設置を地方政府に申請する学校も出てくるなど、柔軟な変化がみられる。中国政府は、「中等職業学校国家助学金政策」を発表し、農村戸籍と農村以外の家庭困窮者を対象とした奨学金を設置し、特に農村からの就学者を支援し、地場産業の発展に貢献できる人材の育成に力を入れている。なお、中国中等職業教育機関に学ぶ在校生は全体の約半分を占めている。**表4参照**。

[例] **职业教育**已成为我国教育结构的重要组成部分。
Zhíyè jiàoyù yǐ chéngwéi wǒ guó jiàoyù jiégòu de zhòngyào zǔchéng

**中国教育部ホームページより**
オリンピックのメダルプレゼンターは北京昌平職業学校で養成された。

bùfen.
職業教育は、すでにわが国教育の重要な構成部分となっている。

🀄 五年一貫制高職 wǔ nián yīguànzhì gāozhí

🇯 五年一貫制高職　ごねん　いっかんせいこうしょく

5年制の高等職業学校「高職 gāozhí」は「高職院校 gāozhí yuànxiào」（高職院校）の略。募集対象は、中学校すなわち「初中 chūzhōng」（初等中学校）の卒業者であり、この5年制の高等職業学校を卒業すると大学の専科すなわち「大专 dàzhuān」（大学専科　2-3年制で日本の短大相当）の卒業証書が授与され、大学の本科への編入学試験受験資格が得られる。

[例] **五年一贯制**：又称"初中起点大专教育",招收参加中考的初中毕业生,达到录取成绩后,进入高等职业技术院校学习,前两年学习高中课程,后三年学习"**高职**"课程。
Wǔ nián yīguànzhì: yòu chēng "chūzhōng qǐdiǎn dàzhuān jiàoyù", zhāoshōu cānjiā zhōngkǎo de chūzhōng bìyèshēng, dádào lùqǔ chéngjì hòu, jìnrù gāoděng zhíyè jìshù yuànxiào xuéxí, qián liǎng nián xuéxí gāozhōng kèchéng, hòu sān nián xuéxí "gāozhí" kèchéng.

5年一貫制の別の呼び方は、「中学から大学専科への教育」という。高校受験参加の中学生を対象として募集し、入学可能な成績に達したら高等職業技術学院に入学し、学習を開始する。初めの2年間は高校の課程を、後の3年間は「高等職業学校」の課程を学ぶ。

## 中等職業学校

🀄 中等专业学校 zhōngděng zhuānyè xuéxiào／中专　zhōngzhuān

🇯 中等専業学校　ちゅうとう　せんぎょう　がっこう／中専　ちゅうせん

中等専業学校、中等専門高校と訳される。中国国内では略して中専「中专 zhōngzhuān」と呼ばれる。中等教育レベルの専門学校である。中等職業学校には、このほか職業高中「职业高中 zhíyè gāozhōng」、技工学校「技工学校 jìgōng xuéxiào」（略して「技校 jìxiào」）がある。名称は、大学レベルの2-3年の課程を大専「大专 dàzhuān」と呼ぶのに対して、中等専業学校は中専「中专 zhōngzhuān」または小専「小专 xiǎozhuān」と呼ばれる。中専は、中等技術学校と中等師範学校の二つに分類されるが、前者は工業、農業、林業、医薬、財政経済、政治法律、体育、芸術、その他の分野の学校が設置され、後者は小学校教員養成、幼稚園教員養成が目的である。中学校を卒業して入学するものを初中中専「初中中专 chūzhōng zhōngzhuān」、高校を卒業して入学するものを高中中専「高中中专 gāozhōng zhōngzhuān」と呼ぶ場合があるが、いずれも中等教育レベ

中等職業学校

ルである。3年制であるが、3年制＋2年の5年制「中专 zhōngzhuān」は、卒業すれば「大专 dàzhuān」と同じ学歴となる。その時代のさまざまな実社会のニーズに対応して、柔軟な試みが行われている。2007年の在校生は781万人、募集定員は297万人である。1998年と比較すると、学校数は4,109校から3,801校に縮小されたが、生徒数は498万人から781万人と約1.5倍に増加した。

〔例〕成人**中等专业学校**招收适量应届初中毕业生是教育改革和经济发展的需要。
Chéngrén zhōngděng zhuānyè xuéxiào zhāoshōu shìliàng yīngjiè chūzhōng bìyèshēng shì jiàoyù gǎigé hé jīngjì fāzhǎn de xūyào.
成人中等専業学校が募集する新卒中学生の適正人数は、教育改革と経済発展の需要に基づいている。

**中** 技工学校　jìgōng xuéxiào／技校 jìxiào
**日** 技工学校　ぎこうがっこう／技校ぎこう

技工学校、技工高校、技術高校と訳される。中国国内では略して「技校 jìxiào」と呼ぶ。高校レベルの技術学校。中等職業学校には、このほかに職業高中「职业高中 zhíyè gāozhōng」、中等専業学校「中等专业学校 zhōngděng zhuānyè xuéxiào」がある。日本の工業高校のようなイメージがあるが、具体的には、たとえば、電気工学、組み立て技術、情報設備補修、化学工業などの分野がある。技工学校は、主として工業、製造部門の人材育成を目指す。中国教育部によれば、学制は3年制であるが、3年＋3年の6年制の技工学校も存在し、「大专学历自学考试强化班 dàzhuān xuélì zìxué kǎoshì qiánghuàbān」（大専学歴自学考試強化班）という名称で、卒業すれば大学の専科と同じ学歴となるほか、さらに「自学考试 zìxué kǎoshì」（大学卒業の資格を取得する試験）も視野に入れている。3年制のカリキュラムでは、1年生は基礎知識、2年生は専門技術、3年生は職場実習となっている。カリキュラムの特徴は、三つの中等職業学校の中で最も職場実習の時間が多い点である。またこの技工学校の管轄が、各地方にある教育局ではなく、労働局である点も異なっている。地方の地場産業の振興のための人材育成という視点だけでなく、地元の人材流動の視点からも管理監督できるという利点がある。2007年の在校生は、367万人、募集定員は158万人である。1998年と比較すると学校数は4,395校から2,995校に縮小されたが、生徒数は193万人から367万人と2倍近く増加した。

〔例〕我们努力于免费为广大初、高中毕业生提供各类**技工学校**最新招生简章咨讯。
Wǒmen nǔlì yú miǎnfèi wèi guǎngdà chū, gāozhōng bìyèshēng tígòng gèlèi jìgōng xuéxiào zuì xīn zhāoshēng jiǎnzhāng zīxùn.

我々は、中学と高校の卒業生に対して、各種技工学校の最新募集案内の無料化に努力している。

| 中 职业高中　　zhíyè gāozhōng |
| 日 職業高中　　しょくぎょうこうちゅう |

職業高校。「高中 gāozhōng」は高級中学の略で高校の意味。高校レベルの職業学校。中等職業学校には、ほかに「中等专业学校 zhōngděng zhuānyè xuéxiào」(中等専業学校)、「技工学校 jìgōng xuéxiào」(技工学校)がある。学校の名称が日本語でもそのまま、職業高中として使われる場合もある。日本の商業高校のようなイメージがあるが、具体的には、たとえば、電子科学、中・英文秘書学科などがある。必ずしも日本の商業高校とは一致しない。中国の中等職業教育機関では、日本における商業と工業といった明確な棲み分けはなく、地域によっては「职业高中 zhíyè gāozhōng」と「技校 jìxiào」と「中专 zhōngzhuān」の3校が重なった分野で人材育成を行うところがある。それは職業高中が生まれた経緯にも関わっていると思われる。1966年から1976年の文化大革命期間は、すべての高中は普通高中であったが、大学進学できなかった者が就職する場合に、職業知識や技術がなく困るといった事情があった。そこで一部の普通高中を改編して職業高中とした。この改革は「中等教育结构改革 zhōngděng jiàoyù jiégòu gǎigé」(中等教育構造改革)で「単一から多様化へ」と称された。3年制であり、大学進学と就職との二つを目的とするが、カリキュラムでは、実習が重視されており、技工学校に次いで時間数が多い。2007年の在校生は、525万人、募集定員は302万人である。1998年と比較すると、学校数は8,602校から5,916校に縮小されたが、生徒数は455万人から725万人と、約1.5倍に増加した。

〔例〕第一职业高中是我市唯一一所国家级重点中等职业学校。
Dìyī zhíyè gāozhōng shì wǒ shì wéiyī yī suǒ guójiā jí zhòngdiǎn zhōngděng zhíyè xuéxiào.
第一職業高校は、わが市唯一の国家重点中等職業学校である。

## その他教育機関

| 中 薄弱学校　　bóruò xuéxiào |
| 日 薄弱学校　　はくじゃくがっこう |

義務教育段階にある小学校・中学校のうち、教学条件の整っていない学校を指す。義務教育法では、すべての児童・生徒が同じ水準の教育を受けられるよう、条件の改善を図るなど、教育の質の均等化に努めることが明記されている。義務教育は学区制になっているが、余分に費用を負担してでも、他学区にある質のよい学校へ越境入学させたいという教育熱心な保護者が

いる。その場合は、「择校费 zéxiào fèi」という学校選択の手数料のようなもの、一種の寄付金を入学する学校に支払うことで、入学が許可されると聞く。義務教育の普及が進まず、満足に教育が受けられない地域もあり、学校間や地域間で教育格差が広がっているのは否めない。

[例] 如何努力缩小城乡教育差距，消除**薄弱学校**，实现全市教育的均衡发展，是我市教育主管部门一直在积极探讨并不断付诸努力的重要课题。
Rúhé nǔlì suōxiǎo chéngxiāng jiàoyù chājù, xiāochú bóruò xuéxiào, shíxiàn quán shì jiàoyù de jūnhéng fāzhǎn, shì wǒ shì jiàoyù zhǔguǎn bùmén yīzhí zài jījí tàntǎo bìng búduàn fùzhū nǔlì de zhòngyào kètí.
如何に都市と農村との教育格差を縮め、薄弱学校をなくし、全市の教育を均衡に発展させるかは、当市教育管轄部門がずっと積極的に議論し、努力し続けている重要な課題である。

中 党校　dǎngxiào
日 党校　とうこう

共産党学校。共産党員の幹部を教育、養成する学校。その最高峰にある中央党校ほか、各省、直轄市、自治区からその下の県、市、区などの行政単位にくまなく置かれている。併せて「専科」学部2-3年制、「本科」学部4年制、大学院レベルの学歴教育を行っている党学校もある。また、大学内に開設されている党学校もある。これは、各大学内の共産党員、特に共産党に入ろうとする人を教育する部門である。

[例] 虽说是**党校**，但课程不仅仅是关于党的，还有一些哲理的、生活的、学习研究领域的。
Suīshuō shì dǎngxiào, dàn kèchéng bù jǐnjǐn shì guānyú dǎng de, hái yǒu yīxiē zhélǐ de, shēnghuó de, xuéxí yánjiū lǐngyù de.
党校というが、カリキュラムは共産党のことのみならず、哲理や生活、学習研究領域も含まれている。

中 军事院校　jūnshì yuànxiào／军校　jūn xiào
日 軍事院校　ぐんじいんこう／軍校　ぐんこう

軍事関係の学校の総称。人民解放軍直属の学校は、中央軍事委員会（軍の最高機関）直属の国防大学、国防科技大学をはじめとして各地にあるが、校名に「軍」や「国防」の文字が入るとは限らない。主に、高等教育機関（「専科」学部2-3年制、「本科」学部4年制、「硕士」修士課程、「博士」博士後期課程）が担っているが、一部、中等教育の「中等専業学校」の中に課程が設けられている学校もある。校名に「武警 wǔjǐng」とつくのは、人民武装警察直属の学校であり、これらも軍校の一種である。「国防科学技術大学 guófáng kēxué jìshù dàxué」は国家の中央軍事委員会に属する総合大学であり、「中国人民解放軍外国語学院」は、唯一の外国語大学である。（中国全国軍事院校名

その他教育機関

一覧は http://www.mzzb.com/gxfc/jsyx.htm を参照。）募集は、解放軍兵士のほか、普通高校の生徒を対象にも行われる。理系男子が主であるが、一部、文系や女子学生を受け入れている学校・専攻もある。高校生の場合、一般の大学受験同様に、統一試験「全国普通高等学校招生统一考试 quánguó pǔtōng gāoděngxuéxiào zhāoshēng tǒngyī kǎoshì」を受ける必要があるほか、思想検査、人物試験、身体・体力検査が課される。入学すると軍籍に入り、学費無料、手当支給のほか、卒業後には軍幹部待遇が保障されているなど、一般の大学生と異なる。

[例] 报考**军事院校**的考生需要具备招生规定所要求的基本条件、政治条件和身体条件。
Bàokǎo jūnshì yuànxiào de kǎoshēng xūyào jùbèi zhāoshēng guīdìng suǒ yāoqiú de jīběn tiáojiàn, zhèngzhì tiáojiàn hé shēntǐ tiáojiàn.
軍事大学への志願者は、募集要項で規定する基本条件、政治条件、そして身体条件が備わっていなければならない。

中 宗教院校　zōngjiào yuànxiào
日 宗教院校　しゅうきょういんこう
宗教団体が設立母体となった学校。宗教団体の設立した全日制の学校を指す。宗教活動従事者の育成を目的としており、大学4年制の「高等宗教学院 gāoděng zōngjiào xuéyuàn」、また「中专 zhōngzhuān」（中等専門学校）や「大专 dàzhuān」（大学専科 2-3 年制）相当の「中等宗教学校 zhōngděng zōngjiào xuéxiào」がある。

[例] 我国现有**宗教院校**47 所，各种宗教刊物 10 余种，从宗教院校毕业的年轻职业宗教人员达 20 多万。
Wǒguó xiànyǒu zōngjiào yuànxiào sìshiqī suǒ, gè zhǒng zōngjiào kānwù shíyú zhǒng, cóng zōngjiào yuànxiào bìyè de niánqīng zhíyè zōngjiào rényuán dá èrshí duō wàn.
わが国には、宗教団体が設立した学校が 47 校あり、各種宗教の刊行物は10 種類余りあり、宗教団体が設立した学校を卒業した宗教を職業とする若い人が 20 万人余りいる。

中 预科　yùkē
日 預科　よか
大学入学前の準備課程の総称。中国に留学している外国人学生対象、少数民族対象、海外留学前の中国人学生対象のものがある。中国留学の外国人学生対象の預科は、大学の正規課程入学前に中国語「漢語」を大学附属の準備課程で1～2年間学ぶ。少数民族対象の預科の「少数民族预科班 shǎoshù mínzú yùkēbān」は、「少数民族班 shǎoshù mínzú bān」（班はクラスの意味）ともいい、大学附属の準備課程で「中国語と文学」、「数学」、「外国語」、「コンピュータ」、「マルクス主義民族理論と思想政治」などの基礎科目を原則1年間

学ぶ。少数民族を対象とした預科培養学校「预科培养学校 yùkē péiyǎng xuéxiào」（予科養成学校）という独立した学校もある。これは、少数民族の人材育成を目的とした優遇政策であるが、この預科を経て大学入学した場合、大学での専攻は卒業後の配属先のニーズに合わせるなどの制約がある。

[参考] 中国人学生対象の留学預科学院「留学预科学院 liúxué yùkē xuéyuàn」とは、留学先で準備クラスに通うことなく直接正規課程に入学できるように、外国語を中心に学ぶ学校で、就学年数は1～2年間である。長春市には日本の大学（院）に入学するための予備教育を行う赴日予備校がある。

[例] 这家外国语学院与日本多所大学签订合作协议，开设日本大学**预科**班。
Zhèjiā wàiguóyǔ xuéyuàn yǔ Rìběn duō suǒ dàxué qiāndìng hézuò xiéyì, kāishè Rìběn dàxué yùkēbān.
この外国語大学は、日本の多くの大学と協定書を交わし、日本の大学準備クラスを開設している。

---

中 孔子学院　　Kǒngzǐ xuéyuàn
日 孔子学院　　こうしがくいん

孔子学院。中国政府が中国の文化と言語を普及するために、海外に設置した教育機関。中国政府が国策として2004年に打ち出したもので、2004年11月に韓国ソウルに初めて設置された。日本の第1号は2005年に立命館大学に設置され、その後、桜美林大学、北陸大学、愛知大学、立命館アジア太平洋大学、札幌大学、早稲田大学、工学院大学、岡山商科大学、大阪産業大学、福山大学などに設置されている。「孔子学院」の特徴は中国の大学と日本の大学が提携をして日本の大学内に別科として設けることによって、単位の相互認定や相手校への編入を認めることが可能となっている点である。2008年1月現在、「孔子学院」は世界各地に約200校ある。

[例] 海外**孔子学院**是以开展汉语教学为主要活动内容的中国语言文化推广机构。
Hǎiwài Kǒngzǐ xuéyuàn shì yǐ kāizhǎn Hànyǔ jiàoxué wéi zhǔyào huódòng nèiróng de Zhōngguó yǔyán wénhuà tuīguǎng jīgòu.
海外の孔子学院は、中国語教育を主な活動内容とし、中国の言語文化を普及する機関である。

## コラム 中国方言のゆくえ

　2009年の夏、上海のある大学で「標準語を話そう」という標語を見て驚いた。留学した時に標準語しか学んだことのない筆者は、80年代当時上海に行った時、標準語を話すと「なんだ、この田舎者は…」といったような目つきで見られ、肩身の狭い思いをしたことがあった。上海では上海語の話せない人への差別意識が歴然とあり、商売をするにも、付き合いをするにも上海語ができなくては上海では生き残れないとさえ言われていたからである。

　改革開放後、中国は急激な経済成長を遂げ、上海は全国の収入の7割を占めるということもあり、中国全土からいろんな人が集まり住むようになった。いわゆる「外来人口」である。そしてたびたび、農村戸籍の労働者の在留問題が表面化し、上海政府は、上海に数年間滞在し一定の条件を満たせば上海戸籍を与える政策を打ち出した。「外来人口」である彼らの多くは上海語を話せない上海人である。

　それゆえ、意思疎通のために標準語が急速に普及し、また政府も普及を奨励している。かつて、標準語＝漢民族の言葉という構図から、標準語の普及は、少数民族にとっては、独自の言葉とその背後にある独自の文化を消滅させる危機を感じさせるものであった。しかし同じ漢民族の言葉である上海方言は、あまり危機感を感じてはこなかった。中国方言には北方、江蘇省、湖南省、広東省、福建省など大きく分けて七つあると言われるが、上海語もその一つだ。その方言にはそれぞれの地域の独特の文化を内包し、その地域の人々は方言を愛す。しかし現在は経済発展によって、方言を話す人たちのアイデンティティの希釈化が進んでいる。言い換えれば、政府による標準語の普及は、これまでの「漢民族化」という政策を方向転換し、「国民国家化」の一貫として推奨されているということである。

　2008年に出版された書籍によると、標準語が理解できる人は中国全土で50％に達したそうだ。知り合いの上海人は「親戚の小学生に上海語で話しかけたら、標準語でかえってくる。上海人はいずれ上海語を話さなくなってしまうのではないか」と危惧している。社会主義市場経済の波が標準語の普及を促進し、民族語や方言が衰退していく。経済発展の代償として民族語や方言、そしてその文化が希釈化していく。しかし、これは中国に限らず世界中で起こっている普遍的現象である。中国もまさに現在この問題に直面しているのだ。

# 第 2 部　知っておくと便利な単語帳

## 【学習】

| 中国語 | 日本語 | ピンイン | 日本語読み | 意味 |
|---|---|---|---|---|
| 班干部 | 班干部 | bāngànbù | はんかんぶ | クラス委員。班長などクラスの指導的立場にある人。 |
| 帮助 | 帮(幇)助 | bāngzhù | ほうじょ | 助ける。援助する。 |
| 班级 | 班級 | bānjí | はんきゅう | 学校の学年とクラスの総称。 |
| 班主任 | 班主任 | bānzhǔrèn | はんしゅにん | クラスの担任。 |
| 班长 | 班長 | bānzhǎng | はんちょう | クラス委員長。 |
| 报告 | 報告 | bàogào | ほうこく | 報告する。報告。講演。 |
| 报刊 | 報刊 | bàokān | ほうかん | ①新聞や雑誌の総称。②新聞等を題材として行われる授業 |
| 报到 | 報到 | bàodào | ほうとう | 新学期や就職などで大学や職場に到着、着任したことを報告する届け出。 |
| 背 | 背 | bèi | せ | 覚える。暗記する。暗唱する。 |
| 备课 | 備課 | bèikè | びか | (教師が授業の前に)授業内容を準備する。 |
| 背诵 | 背誦 | bèisòng | せしょう | 暗唱する。 |
| 本子 | 本子 | běnzi | ほんし | 本状に綴じたノート。書物。 |
| 病假 | 病假(暇) | bìngjià | びょうか | 病気休暇。病欠。 |
| 必修课 | 必修課 | bìxiūkè | ひっしゅうか | 必修の授業。 |
| 笔译 | 筆訳 | bǐyì | ひつやく | 翻訳。翻訳する。 |
| 笔记 | 筆記 | bǐjì | ひっき | 授業の時に聞きながら書く記録のこと。 |
| 补课 | 補課 | bǔkè | ほか | 補講する。補習をする。補習を受ける。 |
| 补习 | 補習 | bǔxí | ほしゅう | 補習する。 |
| 补习班 | 補習班 | bǔxíbān | ほしゅうはん | 補修クラス。 |
| 补校 | 補校 | bǔxiào | ほこう | 補習塾。予備校。 |

| | | | | 単語帳：学習 |
|---|---|---|---|---|
| 插班 | 插班 | chābān | そうはん | 授業期間の途中からクラスに加わる。クラスに編入する。 |
| 插班生 | 插班生 | chābānshēng | そうはんせい | 授業期間の途中からクラスに加わる学生。 |
| 成绩单 | 成績單 | chéngjìdān | せいせきたん | 成績表。 |
| 词汇 | 詞匯（彙） | cíhuì | しわい（い） | 単語。語彙。 |
| 单词 | 單詞 | dāncí | たんし | 単語。 |
| 打印 | 打印 | dǎyìn | だいん | タイプ印刷する。プリントアウト。 |
| 点名 | 點名 | diǎnmíng | てんめい | 点呼する。出欠をとる。 |
| 点名册 | 點名册 | diǎnmíngcè | てんめいさつ | 出欠簿。 |
| 点题 | 點題 | diǎntí | てんだい | 話や文章のテーマについて、簡単にかいつまんで示す。 |
| 调班 | 調班 | diàobān | ちょうはん | 習熟度別クラス編成でテスト等による学生のクラス替え。 |
| 短期课程 | 短期課程 | duǎnqī kèchéng | たんきかてい | 主に語学などの短期研修課程のこと。 |
| 短训课程 | 短訓課程 | duǎnxùn kèchéng | たんくんかてい | 同上。 |
| 读本 | 讀本 | dúběn | とくほん | テキスト。教科書。 |
| 读书 | 讀書 | dúshū | どくしょ | ①本を読む。②勉強する。 |
| 读写 | 讀寫 | dúxiě | どくしゃ | 読み書きの授業。漢語進修生を対象に開講されることが多い。 |
| 二外 | 二外 | èrwài | にがい | 第二外国語の略称。 |
| 泛读 | 汎讀 | fàndú | はんどく | （授業科目名）「广泛的阅读 guǎngfàn yuèdú」の略称。幅広く閲読すること。 |
| 辅导 | 輔導 | fǔdǎo | ほどう | ①補習。②指導する。 |

| | | | | |
|---|---|---|---|---|
| 辅导老师 | 輔導老師 | fǔdǎolǎoshī | ほどうろうし | 個人指導の大学教員。補習班の教員。 |
| 复述练习 | 復述練習 | fùshùliànxí | ふくじゅつれんしゅう | 言語教育における練習法のひとつ。テキストの内容を自分の言葉に置き換えて話す練習。 |
| 复习 | 復習 | fùxí | ふくしゅう | 復習。復習する。 |
| 复印 | 復印 | fùyìn | ふくいん | （主として紙ベースのものを）コピーする。 |
| 改卷子 | 改卷子 | gǎi juànzi | かいけんし | （先生が）学生の答案を添削する。 |
| 改写 | 改寫 | gǎixiě | かいしゃ | （文章や記事を）書き直す。一度書いた文章を加筆、修正する。 |
| 关键词 | 關鍵詞 | guānjiàncí | かんけんし | キーワード。 |
| 剪报 | 剪報 | jiǎnbào | せんぽう | 新聞を切り抜きする。スクラップする。 |
| 讲课 | 講課 | jiǎngkè | こうか | 教員が講義をする。授業をする。 |
| 讲台 | 講台 | jiǎngtái | こうだい | 教壇。 |
| 交课本／发课本／发书 | 交課本／發課本／發書 | jiāo kèběn / fā kèběn / fāshū | こうかほん／はっかほん／はつしょ | （テキストや教科書などを）渡す。配布する。 |
| 教案 | 教案 | jiào'àn | きょうあん | 教案。授業計画案。 |
| 教导 | 教導 | jiàodǎo | きょうどう | 教える。指導する。 |
| 教科书 | 教科書 | jiàokēshū | きょうかしょ | 教科書。 |
| 教育督导 | 教育督導 | jiàoyùdūdǎo | きょういくとくどう | 教育の諸活動に対して視察・監督指導すること。 |
| 教导处（中小学） | 教導處 | jiàodǎochù | きょうどうしょ | 小学・中学校で教務関係を取り使う部署。 |
| 教务处（大学） | 教務處 | jiàowùchù | きょうむしょ | 大学で教務事項を取り扱う部署。 |
| 假期课程 | 暇期課程 | jiàqīkèchéng | かきかてい | 休み期間中の学習プログラム。 |
| 假期作业 | 暇期作業 | jiàqīzuòyè | かきさぎょう | 期間中の宿題 |

| 基础课 | 基礎課 | jīchǔkè | きそか | 基礎科目。一般教養科目。 |
| 节/堂 | 節/堂 | jié/táng | せつ/どう | 授業時間を表す「コマ」。〔例〕一（节/堂）课（一コマの授業） |
| 结业 | 結業 | jiéyè | けつぎょう | （主に短期研修を）修了する。 |
| 结业证书 | 結業証書 | jiéyè zhèngshū | けつぎょうしょうしょ | 研修などの修了証書。 |
| 精读 | 精読 | jīngdú | せいどく | （授業科目名）精読科。精読する。 |
| 进修证明书 | 進修証明書 | jìnxiū zhèngmíng shū | しんしゅうしょうめいしょ | 修了証明書。一定期間の学業を修了したときに発行される証明書。 |
| 进修证书 | 進修証書 | jìnxiū zhèngshū | しんしゅうしょうしょ | 修了証書。 |
| 举手 | 挙手 | jǔshǒu | きょしゅ | 挙手する。授業で手を挙げる。 |
| 句型操练 | 句型操練 | jùxíngcāoliàn | くけいそうれん | 文型練習。パターンプラクティス。 |
| 句子理解 | 句子理解 | jùzilǐjiě | くしりかい | センテンスの解釈。 |
| 开课 | 開課 | kāikè | かいか | ①授業が始まる。②新しい科目、カリキュラムを設置する。 |
| 开题报告 | 開題報告 | kāitíbàogào | かいだいほうこく | 大学院生本人が自分の研究テーマや方法、目的などを指導教員や他の教員、他の学生の前で発表報告すること、またはその会。 |
| 开学 | 開学 | kāixué | かいがく | 学期が始まる。始業。 |
| 拷贝 | 拷貝 | kǎobèi | ごうかい | コピーする（英語のCopyから）。 |
| 考验 | 考験 | kǎoyàn | こうけん | 試す。試練を与える。 |
| 课 | 課 | kè | か | 教科。科目。 |
| 课本 | 課本 | kèběn | かほん | 教科書。 |
| 课程 | 課程 | kèchéng | かてい | 課程。カリキュラム。 |

学習：単語帳

| | | | | |
|---|---|---|---|---|
| 课程表 | 課程表 | kèchéngbiǎo | かていひょう | 時間割表。 |
| 课堂 | 課堂 | kètáng | かどう | 教室。 |
| 口头操作练习 | 口頭操作練習 | kǒutóu cāozuò liànxí | こうとうそうされんしゅう | 会話練習。 |
| 口译 | 口訳 | kǒuyì | こうやく | 通訳。通訳する。 |
| 口语 | 口語 | kǒuyǔ | こうご | （授業科目名）口語科。話し言葉。⇔「书面语 shūmiànyǔ」 |
| 朗读 | 朗読 | lǎngdú | ろうどく | 朗読する。 |
| 朗诵 | 朗誦 | lǎngsòng | ろうしょう | 朗唱する。 |
| 门 | 門 | mén | もん | 授業科目数を数えるときに使われる。1科目の授業は、「一门课 yīménkè」という。 |
| 念书 | 念書 | niànshū | ねんしょ | ①勉強する。②学校に通う。 |
| 培训 | 培訓 | péixùn | ばいくん | ①訓練する。②育成する。 |
| 培养 | 培養 | péiyǎng | ばいよう | 養成する。育成する。 |
| 批改作业 | 批改作業 | pīgǎi zuòyè | ひかいさぎょう | 宿題を添削する。 |
| 拼写练习 | 拼写練習 | pīnxiě liànxí | ほうしゃれんしゅう | ピンインをつづる練習。 |
| 拼写训练 | 拼写訓練 | pīnxiě xùnliàn | ほうしゃくんれん | 同上。 |
| 删除 | 刪除 | shānchú | さんじょ | 削除。削除する。 |
| 上课 | 上課 | shàngkè | じょうか | ①授業に出る。②授業が始まる。授業を始める。③授業をする。 |
| 上学 | 上学 | shàngxué | じょうがく | ①学校に行く。登校する。②入学する。 |
| 试读生 | 試読生 | shìdúshēng | しどくせい | 試しに講義を聴講した学生。 |
| 走读生 | 走読生 | zǒudúshēng | そうどくせい | 通学生（宿舎に住まない学生）。 |
| 手抄 | 手抄 | shǒuchāo | しゅしょう | 手書きする。手で書き写す。 |

| | | | | |
|---|---|---|---|---|
| 手记 | 手記 | shǒujì | しゅき | 自分で書き写す。自分で書き写したもの。 |
| 书面语 | 書面語 | shūmiànyǔ | しょめんご | 書き言葉。⇔「口语 kǒuyǔ」 |
| 速成班 | 速成班 | sùchéngbān | そくせいはん | 速習クラス。短期養成クラス。 |
| 速成培训 | 速成培訓 | sùchéng péixùn | そくせいばいくん | 短期養成の訓練。 |
| 讨论 | 討論 | tǎolùn | とうろん | 討論。討論する。 |
| 讨论式课程 | 討論式課程 | tǎolùnshì kèchéng | とうろんしきかてい | ディベート式カリキュラム。ゼミ。 |
| 填写 | 填寫 | tiánxiě | てんしゃ | 書き込む。書き入れる。 |
| 跳班 | 跳班 | tiàobān | ちょうばん | レベル別クラス編成で飛び越えて上のクラスに上がること。 |
| 跳级 | 跳級 | tiàojí | ちょうきゅう | 飛び級。飛び越えて上の学年に上がること。 |
| 听从 | 聽從 | tīngcóng | ちょうじゅう | (指示などを)聞いて従うこと。言うことをきく。服従する。 |
| 停顿 | 停頓 | tíngdùn | ていとん | (話や朗読などの途中で)間をとる。 |
| 听讲 | 聽講 | tīngjiǎng | ちょうこう | 授業、講演、講義を聴く。 |
| 听课 | 聽課 | tīngkè | ちょうか | 授業を受ける。聴講する。授業参観する。 |
| 听说读写 | 聽説読写 | tīngshuō dúxiě | ちょうせつどくしゃ | 外国語学習の中で最も普遍的で伝統的な学習方法。聞く、話す、読む、書くこと。 |
| 听写默写 | 聽寫默寫 | tīngxiě mòxiě | ちょうしゃもくしゃ | 聴写は書き取り。読まれた外国語を聞き取り書き写すこと。默写は本も見ない、音も聞かないで記憶に頼って学習内容を書き出すこと。 |
| 提问 | 提問 | tíwèn | ていもん | 質問する。 |

| | | | | |
|---|---|---|---|---|
| 同班同学 | 同班同学 | tóngbān tóngxué | どうはんどうがく | 同じクラスの同級生（クラスメイト）。 |
| 同学 | 同学 | tóngxué | どうがく | ①学生に対する呼称。②同窓生、同級生（クラスメイト）。 |
| 问答练习 | 問答練習 | wèndáliànxí | もんどう　れんしゅう | 問答練習。 |
| 下课 | 下課 | xiàkè | げか | 授業が終わる。 |
| 写作 | 寫作 | xiězuò | しゃさく | （授業科目名）作文科。 |
| 新闻 | 新聞 | xīnwén | しんぶん | ニュース。新聞記事。 |
| 习题 | 習題 | xítí | しゅうだい | 練習問題。 |
| 修改 | 修改 | xiūgǎi | しゅうかい | 文章に朱を入れる。書き直す。 |
| 习作 | 習作 | xízuò | しゅうさく | 筆ならしをする。練習文を書く。 |
| 选修课 | 選修課 | xuǎnxiūkè | せんしゅうか | 選択科目。 |
| 学时 | 學時 | xuéshí | がくじ | 授業時間。授業を数える単位。1学時＝45～50分 |
| 样题 | 樣題 | yàngtí | ようだい | 例題。 |
| 演讲 | 演講 | yǎnjiǎng | えんこう | 講演する。 |
| 演讲比赛 | 演講比賽 | yǎnjiǎng bǐsài | えんこうひさい | スピーチコンテスト。 |
| 一对一上课方式 | 一對一上課方式 | yīduìyī shàngkè fāngshì | いちたいいちじょうかほうしき | マンツーマンの授業形式。 |
| 语言辩正 | 語言辯正 | yǔyán biànzhèng | ごげんべんせい | 言葉の（使い方などの）誤りを正す。 |
| 语言学校 | 語言學校 | yǔyánxuéxiào | ごげんがっこう | 語学学校。外国語だけを教える塾。 |
| 造句 | 造句 | zàojù | ぞうく | 短文をつくる。またはその授業科目名。 |
| 章法 | 章法 | zhāngfǎ | しょうほう | 文章の構成。またはその授業科目名。 |
| 指导 | 指導 | zhǐdǎo | しどう | 指導。指導する。 |

| 中国語 | 日本語 | ピンイン | 日本語読み | 意味 |
|---|---|---|---|---|
| 转班 | 轉(転)班 | zhuǎnbān | てんばん | 能力別クラスでレベルに合わせてクラス変更すること。 |
| 专门 | 專門 | zhuānmén | せんもん | 専門。 |
| 专业 | 專業 | zhuānyè | せんぎょう | 専門。専攻。 |
| 字母 | 字母 | zìmǔ | じぼ | 表音文字。または注音符号の最小の表記単位。声母。 |
| 字音 | 字音 | zìyīn | じおん／じいん | 文字の発音。文字の読み方。 |
| 总学时 | 總學時 | zǒngxuéshí | そうがくじ | 総授業時間数。 |
| 作文 | 作文 | zuòwén | さくぶん | 作文。文章を書く。 |
| 作业 | 作業 | zuòyè | さぎょう | 宿題。 |

## 【試験】

| 中国語 | 日本語 | ピンイン | 日本語読み | 意味 |
|---|---|---|---|---|
| 报考 | 報考 | bàokǎo | ほうこう | 出願する。受験を申し込む。 |
| 笔试 | 筆試 | bǐshì | ひっし | 筆記試験。口頭試問「口试 kǒushì」との対比で使われる。 |
| 不及格／不合格 | 不及格／不合格 | bùjígé／bùhégé | ふきゅうかく／ふごうかく | 不合格。 |
| 补考 | 補考 | bǔkǎo | ほこう | 追試験。追試験をする。 |
| 补做 | 補做 | bǔzuò | ほさく | テスト中にとばしていた未解答の問題などにとりかかる。 |
| 测试 | 測試 | cèshì | そくし | テストをする。試験を行う。検定する。 |
| 测验 | 測驗 | cèyàn | そくけん | 試験する。レベルを測定する。 |
| 承办 | 承辦 | chéngbàn | しょうべん | 引き受ける。 |
| 承办单位 | 承辦単位 | chéngbàn dānwèi | しょうべんたんい | (HSKなどを会場校として)引き受ける組織(学校、会社、企業)。 |

# 試験：単語帳

| | | | | |
|---|---|---|---|---|
| 代号 | 代号 | dàihào | だいごう | 試験などの実施便宜上、あらかじめ定めた国名や性別、試験会場などを表す数字や記号。符丁。 |
| 答卷 | 答卷 | dájuàn | とうかん | ①答案用紙。②試験問題を解く。 |
| 等第/等级 | 等第／等級 | děngdì / děngjí | とうてい／とうきゅう | 等級。 |
| 等级分范围 | 等級分範囲 | děngjí fēnfànwéi | とうきゅうぶんはんい | 同じレベルの点数範囲。 |
| 等级分数 | 等級分数 | děngjí fēnshù | とうきゅうぶんすう | 同じレベルの点数。 |
| 底线 | 底綫（線） | dǐxiàn | ていせん | 合格点数の最低ライン。及第ライン。 |
| 发卷 | 発巻 | fājuàn | はっかん | 解答用紙を配布する。 |
| 分班考试 | 分班考試 | fēnbān kǎoshì | ぶんぱんこうし | クラス分けテスト。 |
| 高分 | 高分 | gāofēn | こうぶん | 高得点。 |
| 功课 | 功課 | gōngkè | こうか | ①授業。②成績。 |
| 汉语水平考试 | 漢語水平考試 | Hànyǔ shuǐpíng kǎoshì | かんごすいへいこうし | HSK。中国レベルを測るテスト。 |
| 合上试卷 | 合上試巻 | héshàng shìjuàn | ごうじょうしかん | 問題用紙を閉じる。 |
| 计划名额 | 計劃（画）名額 | jìhuàmíng'é | けいかくめいがく | 入学定員数。 |
| 监考/监试 | 監考／監試 | jiānkǎo / jiānshì | かんこう／かんし | 試験場の監督をする。 |
| 监考老师 | 監考老師 | jiānkǎo lǎoshī | かんこうろうし | 試験監督教員。 |
| 监考人 | 監考人 | jiānkǎorén | かんこうにん | 試験監督者。 |
| 级别 | 級別 | jíbié | きゅうべつ | 等級やランクの区分。HSKでは獲得点数によってレベル表示される。 |
| 及格/合格 | 及格／合格 | jígé / hégé | きゅうかく／ごうかく | 及第。合格。 |
| 及格分数线 | 及格分数綫 | jígé fēnshù xiàn | きゅうかくぶんすうせん | 合格ライン。 |

| | | | | |
|---|---|---|---|---|
| 卷子 | 卷子 | juànzi | かんし | 試験などの答案用紙。 |
| 考区 | 考区 | kǎoqū | こうく | 受験地区。 |
| 考生 | 考生 | kǎoshēng | こうせい | 受験生。 |
| 考查 | 考查 | kǎochá | こうさ | （点数をつけない）試験。試験する。 |
| 考场 | 考場 | kǎochǎng | こうじょう | 試験場。 |
| 考点 | 考点 | kǎodiǎn | こうてん | 試験地。試験場所。 |
| 考点代号 | 考点代号 | kǎodiǎn dàihào | こうてんだいごう | 試験地番号。試験場番号。 |
| 考期 | 考期 | kǎoqī | こうき | 試験実施日。 |
| 考试 | 考試 | kǎoshì | こうし | （点数をつける）試験。 |
| 考试地点 | 考試地点 | kǎoshì dìdiǎn | こうしちてん | 試験場。 |
| 考试日期 | 考試日期 | kǎoshìrìqī | こうしにちき | 試験の日時。 |
| 考试时间 | 考試時間 | kǎoshì shíjiān | こうしじかん | 試験時間、特に試験実施日を指す。 |
| 空格 | 空格 | kònggé | くうかく | 空欄。 |
| 口试 | 口試 | kǒushì | こうし | 口頭試問。「筆試」筆記試験との対比で使われる。 |
| 跨区做题 | 跨区做題 | kuàqūzuòtí | こくさくだい | HSKなどで定められた時間内に定められたセクション以外の問題を解答することで、カンニングとみなされる。 |
| 离场 | 離場 | líchǎng | りじょう | 試験終了後に試験場を離れる。 |
| 录取分数 | 錄取分数 | lùqǔfēnshù | ろくしゅぶんすう | 合格最低点。 |
| 录取名额 | 錄取名額 | lùqǔmíng'é | ろくしゅめいがく | 合格定員。 |
| 免考 | 免考 | miǎnkǎo | めんこう | 試験免除。試験が免除されること。 |
| 面试 | 面試 | miànshì | めんし | 面接試験。 |
| 模拟考试 | 模擬考試 | mónǐkǎoshì | もぎこうし | 模擬試験。 |
| 评试卷 | 評試卷 | píngshìjuàn | ひょうしかん | 答案を採点する。 |

| | | | | |
|---|---|---|---|---|
| 三甲 | 三甲 | sānjiǎ | さんこう | 上位3名。 |
| 试卷 | 試卷 | shìjuàn | しかん | 試験の解答用紙。 |
| 试卷号码 | 試卷號碼 | shìjuàn hàomǎ | しかんごうば | 試験用紙に書かれたシリアルナンバー。通し番号。 |
| 试题 | 試題 | shìtí | しだい | 試験問題。 |
| 填补空缺 | 填補空缺 | tiánbǔ kòngquē | てんほくうけつ | (テストなどで) 空欄をうめること。 |
| 填空测验 | 填空測驗 | tiánkòng cèyàn | てんくうそくけん | 穴埋めテスト。 |
| 听力 | 聽力 | tīnglì | ちょうりょく | HSKで四つある試験科目のうちの一つ。リスニング力。(授業科目名) リスニング科。 |
| 完成句子 | 完成句子 | wánchéng jùzi | かんせいくこ | 文章完成問題。 |
| 完形填空 | 完形填空 | wánxíng tiánkòng | かんけいてんくう | 空欄をうめて完全な文章にする問題。 |
| 小抄 | 小抄 | xiǎochāo | こしょう | カンニングペーパー。 |
| 序号 | 序號 | xùhào | じょごう | 受験番号。 |
| 巡视 | 巡視 | xúnshì | じゅんし | (テスト中に試験監督が会場内を) 巡視する。見て回る。 |
| 应考 | 應考 | yìngkǎo | おうこう | 受験をする。試験を受ける。 |
| 阅读 | 閱讀 | yuèdú | えつどく | HSKで四つある試験科目のうちの一つ。閲読する。(授業科目名) 講読。 |
| 月考 | 月考 | yuèkǎo | げつこう | 毎月定期的に行う試験。 |
| 语法 | 語法 | yǔfǎ | ごほう | HSKで四つある試験科目のうちの一つ。文法。(授業科目名) 文法。 |
| 志愿表 | 志願表 | zhìyuànbiǎo | しがんひょう | 志願表。 |
| 志愿学校 | 志願學校 | zhìyuàn xuéxiào | しがんがっこう | 入学などを志願する学校。 |
| 主考 | 主考 | zhǔkǎo | しゅこう | 試験会場となる教室の監督責任者。 |

| 中国語 | 日本語 | ピンイン | 日本語読み | 意味 |
|---|---|---|---|---|
| 主考教师 | 主考教師 | zhǔkǎo jiàoshī | しゅこうきょうし | 主任試験官を担当する教員。 |
| 准考证 | 准考証 | zhǔnkǎo zhèng | じゅんこうしょう | 入学試験の受験票。 |
| 总分 | 総分 | zōngfēn | そうぶん | 総合点数。 |
| 综合 | 総合 | zōnghé | そうごう | HSKで四つある試験科目のうちの一つ。漢字穴埋めなど。 |
| 作弊 | 作弊 | zuòbì | さくへい | カンニングをする。不正行為をする。 |
| 作废 | 作廃 | zuòfèi | さくはい | (試験の成績など)無効になる。無効にする。 |

## 【生活】

| 中国語 | 日本語 | ピンイン | 日本語読み | 意味 |
|---|---|---|---|---|
| 保安 | 保安 | bǎo'ān | ほあん | ①保安、安全を守ること。②ガードマン。 |
| 报纸 | 報紙 | bàozhǐ | ほうし | 新聞。 |
| 毕业典礼 | 畢業典礼 | bìyèdiǎnlǐ | そつぎょうてんれい | 卒業式。⇔「开学典礼 kāixuédiǎnlǐ」入学式。 |
| 查问／查询 | 査問／査詢 | cháwèn／cháxún | さもん／さじゅん | 聞き尋ねる。問いただす。 |
| 传达室 | 伝(傳)達室 | chuándáshì | でんたつしつ | 受付(守衛、監視機能をもつ)。 |
| 存车处 | 存車処 | cúnchēchù | そんしゃしょ | (自転車などの)置き場。預かり所。 |
| 单人间 | 単人間 | dānrénjiān | たんじんけん | 一人部屋。 |
| 饭票 | 飯票 | fànpiào | はんぴょう | 食券。 |
| 放假 | 放暇 | fàngjià | ほうか | ①休みになる。②休暇。 |
| 放学 | 放学 | fàngxué | ほうがく | 学校が引ける。学校が休みになる。 |
| 公安 | 公安 | gōng'ān | こうあん | 公安。警察。 |
| 寒假 | 寒暇 | hánjià | かんか | 冬期休暇。春節をはさんで約4週間。 |
| 汇款 | 匯款 | huìkuǎn | かいかん | 送金する。 |

生活：単語帳

| 伙食費 | 火（夥）食費 | huǒshífèi | かしょくひ | 食費。 |
|---|---|---|---|---|
| 戸頭 | 戸頭 | hùtóu | ことう | 銀行口座。 |
| 教師节 | 教師節 | jiàoshījié | きょうしせつ | 9月10日。教師を敬う日。学生がお世話になっている教員にお礼として贈り物などをする。 |
| 假期 | 暇期 | jiàqī | かき | 休暇期間。 |
| 假日 | 暇日 | jiàrì | かじつ | 休日。 |
| 警卫 | 警衛 | jǐngwèi | けいえい | 警備員。留学生寮などに常駐している |
| 居留証 | 居留証 | jūliúzhèng | きょりゅうしょう | 外国人の居住許可証。居住証明書。 |
| 门卫 | 門衛 | ménwèi | もんえい | 門衛。 |
| 派出所 | 派出所 | pàichūsuǒ | はしゅつしょ | 交番。 |
| 请假 | 請暇 | qǐngjià | せいか | 休みを申請すること。学生がやむをえない理由であらかじめ教員に欠席を申し出ること。 |
| 身份证 | 身分証 | shēnfènzhèng | みぶんしょう | 身分証。 |
| 食堂 | 食堂 | shítáng | しょくどう | 食堂。 |
| 收发室 | 収発室 | shōufāshì | しゅうはつしつ | 受付窓口。郵便、新聞、文書などをまとめて受け取り配布するところ。公文書の受付発送をする事務室。 |
| 手机 | 手機 | shǒujī | しゅき | 携帯電話。 |
| 手势 | 手勢 | shǒushì | しゅせい | 合図。ジェスチャー。手振り。 |
| 双人间 | 双人間 | shuāngrénjiān | そうじんけん | 二人部屋。 |
| 暑假 | 暑暇 | shǔjià | しょか | 夏期休暇。7月〜8月末の約7週間。 |
| 疏流路径 | 疏流路径 | shūliúlùjìng | そりゅうろけい | 避難経路。 |
| 疏散梯 | 疏散梯 | shūsàntī | そさんてい | 非常階段。 |
| 宿舍费 | 宿舎費 | sùshèfèi | しゅくしゃひ | 宿舎費。 |

| 中国語 | 日本語 | ピンイン | 日本語読み | 意味 |
|---|---|---|---|---|
| 随队老师 | 随隊老師 | suíduìlǎoshī | すいたいろうし | 団体に随行する教員。修学旅行や短期留学の引率教員。 |
| 太平门 | 太平門 | tàipíngmén | たいへいもん | 非常口。 |
| 太平梯 | 太平梯 | tàipíngtī | たいへいてい | 非常階段。 |
| 停车场 | 停車場 | tíngchēchǎng | ていしゃじょう | （自動車などの）置き場。預かり所。 |
| 文化冲击 | 文化衝擊 | wénhuà chōngjī | ぶんかしょうげき | カルチャーショック。 |
| 校警 | 校警 | xiàojǐng | こうけい | 学校の中にいる警備員。 |
| 校历 | 校曆 | xiàolì | こうれき | 学年暦。 |
| 小卖部 | 小売部 | xiǎomàibù | しょうばいぶ | 小さな商店。売店。 |
| 校庆 | 校慶 | xiàoqìng | こうけい | 創立記念日。 |
| 校区/校园 | 校区/校園 | xiàoqū / xiàoyuán | こうく/こうえん | キャンパス。 |
| 新生 | 新生 | xīnshēng | しんせい | 新入生。 |
| 指南 | 指南 | zhǐnán | しなん | 手引き。案内。 |
| 住宿 | 住宿 | zhùsù | じゅうしゅく | 宿泊する。寝泊りをする。 |
| 咨询 | 諮詢 | zīxún | しじゅん | 諮問する。案内する。情報提供する。 |
| 咨询处 | 諮詢処 | zīxúnchù | しじゅんしょ | 案内所。インフォメーションセンター。相談窓口。 |

## 【PC & 文具】

| 中国語 | 日本語 | ピンイン | 日本語読み | 意味 |
|---|---|---|---|---|
| 安装 | 安装 | ānzhuāng | あんそう | インストール。インストールする。⇔アンインストール「卸载 xièzǎi」。 |
| 笔记本 | 筆記本 | bǐjìběn | ひっきほん | ノート。 |
| 笔记本电脑 | 筆記本電脳 | bǐjìběn diànnǎo | ひっきほんでんのう | ノートパソコン。ラップトップパソコン。 |

| | | | | |
|---|---|---|---|---|
| 病毒 | 病毒 | bìngdú | びょうどく | ウイルス。病原体。最近は主にコンピュータウイルスのことを指す。 |
| 插头 | 插頭 | chātóu | そうとう | コンセントプラグ。 |
| 插座 | 插座 | chāzuò | そうざ | コンセント差込口。 |
| 尺子 | 尺子 | chǐzi | せき（しゃく）し | 定規。 |
| 磁带 | 磁帶 | cídài | じたい | カセットテープ。録音テープ。 |
| 磁盘 | 磁盤 | cípán | じばん | 磁気ディスク。 |
| 盗版 | 盜版 | dàobǎn | とうばん | 海賊版。 |
| 打印机 | 打印機 | dǎyìnjī | だいんき | プリンター。 |
| 订书机 | 訂書機 | dìngshūjī | ていしょき | ホチキス。 |
| 订书器 | 訂書器 | dìngshūqì | ていしょき | 同上。 |
| 地址 | 地址 | dìzhǐ | ちし | 住所。Eメールアドレス。 |
| 短信 | 短信 | duǎnxìn | たんしん | ショートメール。携帯電話のメール。 |
| 耳机 | 耳機 | ěrjī | じき | イヤホン。 |
| 粉笔 | 粉筆 | fěnbǐ | ふんひつ | チョーク。 |
| 光标 | 光標 | guāngbiāo | こうひょう | カーソル。 |
| 光电阅读机 | 光電閱讀機 | guāngdiàn yuèdújī | こうでん　えつどくき | OMR。マークセンスを読み取る機械。 |
| 光盘 | 光盤 | guāngpán | こうばん | CD。 |
| 关机 | 關機 | guānjī | かんき | シャットダウン。 |
| 黑板擦 | 黑板擦 | hēibǎncā | こくばんさつ | 黒板消し。 |
| 剪刀/剪子 | 剪刀/剪子 | jiǎndāo / jiǎnzi | せんとう／せんし | はさみ。 |
| 键盘 | 鍵盤 | jiànpán | けんばん | キーボード。 |
| 局域网 | 局域網 | júyùwǎng | きょくいきもう | ローカルネットワーク。LAN。 |
| 宽带 | 寬帶 | kuāndài | かんたい | ブロードバンド。 |
| 乱码 | 亂碼 | luànmǎ | らんば | 文字化け。 |
| 密码 | 密碼 | mìmǎ | みつば | パスワード。 |

| | | | | |
|---|---|---|---|---|
| 墨盒 | 墨盒 | mòhé | ぼくごう | ①インクカードリッジ。②墨つぼ。 |
| 皮筋儿 | 皮筋兒 | píjīnr | ひきんじ | 輪ゴム。 |
| 屏幕 | 屏幕 | píngmù | びょうまく | テレビやPCなどのディスプレイ・モニター。 |
| 铅笔 | 鉛筆 | qiānbǐ | えんぴつ | 鉛筆。 |
| 启动 | 啓動 | qǐdòng | けいどう | 起動。起動する。スイッチを入れる。 |
| 软件 | 軟件 | ruǎnjiàn | なんけん | コンピュータのソフトウェア。 |
| 扫描 | 掃描 | sǎomiáo | きびょう | スキャニング、走査。 |
| 上网 | 上網 | shàngwǎng | じょうもう | インターネット。インターネットをする。 |
| 商务贴 | 商務貼 | shāngwùtiē | しょうむちょう | 付箋。 |
| 首页 | 首頁 | shǒuyè | しゅけつ | ホームページのトップページ |
| 鼠标 | 鼠標 | shǔbiāo | そひょう | マウス。 |
| 书架 | 書架 | shūjià | しょか | 書棚。 |
| 数据 | 數據 | shùjù | すうきょ | データ。根拠となる数値。 |
| 书签 | 書簽 | shūqiān | しょせん | しおり。 |
| 输入法 | 輸入法 | shūrùfǎ | ゆにゅうほう | 入力方法。 |
| 搜索引擎 | 搜索引擎 | sōusuǒ yǐnqíng | そうさくいんけい | 検索エンジン。たとえば、google「谷歌 gǔgē」、ahoo「雅虎 yáhǔ」など。 |
| 台式电脑 | 台式電腦 | táishì diànnǎo | たいしきでんのう | デスクトップパソコン。 |
| 投影仪 | 投影儀 | tóuyǐngyí | とうえいぎ | プロジェクター。投影機。 |
| U 盘 | U 盤 | u pán | ゆうばん | USB メモリー。 |
| 网吧 | 網吧 | wǎngbā | もうは | インターネットカフェ。 |
| 网费 | 網費 | wǎngfèi | もうひ | インターネット接続費用。 |
| 网络 | 網絡 | wǎngluò | もうらく | インターネット。 |
| 网线 | 網綫（線） | wǎngxiàn | もうせん | LAN ケーブル。 |

| 中国語 | 日本語 | ピンイン | 日本語読み | 意味 |
|---|---|---|---|---|
| 网页 | 網頁 | wǎngyè | もうけつ | ホームページ。 |
| 无线网 | 無線網 | wúxiànwǎng | むせんもう | 無線LAN。 |
| 橡皮 | 橡皮 | xiàngpí | しょうひ | 消しゴム。 |
| 显示器 | 顕示器 | xiǎnshìqì | けんじき | モニター。 |
| 下载 | 下載 | xiàzǎi | かさい | ダウンロード。⇔アップロード「上载 shàngzǎi」「上传 shàngchuáng」 |
| 卸载 | 卸載 | xièzǎi | しゃさい | アンインストール。アインストールする。⇔インストール「安装 ānzhuāng」。 |
| 遥控器 | 遥控器 | yáokòngqì | ようこうき | リモコン。 |
| 压缩 | 圧縮 | yāsuō | あっしゅく | 圧縮。圧縮する。 |
| 硬件 | 硬件 | yìngjiàn | こうけん | ハードウェア。 |
| 在线 | 在綫 | zàixiàn | ざいせん | オンライン。⇔オフライン「离线 líxiàn」 |
| 正版 | 正版 | zhèngbǎn | せいはん | 正規品。 |
| 自动铅笔 | 自動鉛筆 | zìdòngqiānbǐ | じどうえんぴつ | シャープペンシル。 |

## 【留学手続き】

| 中国語 | 日本語 | ピンイン | 日本語読み | 意味 |
|---|---|---|---|---|
| 报名 | 報名 | bàomíng | ほうめい | 申し込む。応募する。 |
| 报名费 | 報名費 | bàomíngfèi | ほうめいひ | 申込費。登録費。 |
| 报名顺序号 | 報名順序号 | bàomíng shùnxùhào | ほうめい じゅんじょごう | 登録順番号。 |
| 便览 | 便覧 | biànlǎn | びんらん | 便覧。ハンドブック。 |
| 抄本 | 抄本 | chāoběn | しょうほん | コピー、写本。 |
| 出入境检验检疫局 | 出入境検験検疫局 | chūrùjìng jiǎnyàn jiǎnyìjú | しゅつにゅうきょう けんけんえききょく | 出入国の検査検疫局。出入国時に検疫を含む「税関申告書」の提出が義務づけられている。 |
| 附件 | 附件 | fùjiàn | ふけん | 手紙の添付書類。メールの添付書類 |

| 公费留学生 | 公費留學生 | gōngfèi liúxuéshēng | こうひ りゅうがくせい | 政府や政府附属機関から援助を受けて留学をしている学生。 |
| 汉语进修生 | 漢語進修生 | Hànyǔ jìnxiūshēng | かんご しんしゅうせい | 漢語進修生。中国語学習を目的とした外国人クラスの学生 |
| 护照 | 護照 | hùzhào | ごしょう | パスポート。旅券。 |
| 领取 | 領取 | lǐngqǔ | りょうしゅ | 受け取る。もらう。 |
| 留学生办公室 | 留學生辦（弁）公室 | liúxuéshēng bàngōngshì | りゅうがくせいべんこうしつ | 留学生事務室。 |
| 录取通知书 | 錄取通知書 | lùqǔtōngzhī shū | ろくしゅ つうちしょ | 採用（合格）通知書。 |
| 补办 | 補辦（弁） | bǔbàn | ほべん | 事後に追加で必要な手続きを行うこと。 |
| 入学申请书 | 入學申請書 | rùxuéshēn qǐngshū | にゅうがく しんせいしょ | 入学申請書。 |
| 上/下学期 | 上/下學期 | shàng / xià xuéqī | かみ/しもがっき | 学期の表記方法。1学期/2学期 |
| 手册 | 手冊 | shǒucè | しゅさつ | ハンドブック。 |
| 手续 | 手續 | shǒuxù | てつづき | 手続。 |
| 手续费 | 手續費 | shǒuxùfèi | てつづきひ | 手続費用。手数料。 |
| 缩微照片 | 縮微照片 | suōwēi zhàopiàn | しゅくびしょうへん | 縮写写真。身分証などに貼る写真のこと。似通った表現にマイクロ写真「显微照相 xiǎnwēi zhàoxiàng」。 |
| 通讯地址 | 通訊地址 | tōngxùndìzhǐ | つうじんちしじ | 連絡住所。 |
| 推荐 | 推薦 | tuījiàn | すいせん | 推薦する。 |
| 推选 | 推選 | tuīxuǎn | すいせん | （選挙などで候補を選んだ上で）推薦する。選出する。 |
| 外国留学人员来华签证申请书 | 外國留學人員來華簽証申請書 | wàiguóliúxué rényuán láihuá qiānzhèng shēnqǐngshū | がいこく りゅうがく じんいんらいか せんしょう しんせいしょ | 中国留学査証申請書。JW202 表。留学（X）査証申請に必要となる。 |

| | | | | |
|---|---|---|---|---|
| 外国人居留证 | 外国人居留証 | wàiguórén jūliúzhèng | がいこくじんきょりゅうしょ | 外国人居留証。中国政府が外国人に対して公に居留を認めたという証明書。（留学（X）査証の所持者は、入国日より30日以内に、居留手続きを行わなければならない。） |
| 外国人体格检查记录 | 外国人体格検査記録 | wàiguórén tǐgéjiǎncházhìlù | がいこくじんたいかく けんさきろく | 中国留学する際に求められる所定の健康診断記録。査証申請時に必要な書類の一つ。 |
| 外事办公室 | 外事辦（弁）公室 | wàishì bàngōngshì | がいじべんこうしつ | 外国との渉外を担当する事務室。略して「外办 wàibàn」という。 |
| 文件 | 文件 | wénjiàn | ぶんけん | 書類。文書。 |
| 相片 | 相片 | xiàngpiàn | そうへん | 写真。 |
| 显微照相 | 顕微照相 | xiǎnwēi zhàoxiàng | けんびしょうそう | マイクロ写真。似通った表現に縮写写真「缩微照片 suōwēi zhàopiàn」がある。 |
| 小册子 | 小册子 | xiǎocèzi | しょうさっし | パンフレット。 |
| 姓名 | 姓名 | xìngmíng | せいめい | 姓名。 |
| 学费 | 学費 | xuéfèi | がくひ | 学費。 |
| 学生证 | 学生証 | xuéshēngzhèng | がくせいしょう | 学生証。 |
| 押金 | 押金 | yājin | おうきん | 保証金。 |
| 原件 | 原件 | yuánjiàn | げんけん | 原本。オリジナル |
| 语言生 | 語言生 | yǔyánshēng | ごげんせい | 中国語を学ぶ外国人学生を指す。 |
| 照片 | 照片 | zhàopiàn | しょうへん | 写真。 |
| 招收 | 招収 | zhāoshōu | しょうしゅう | 試験によって募集すること。 |
| 证书 | 証書 | zhèngshū | しょうしょ | 証書。証明書。 |
| 证件号码 | 証件号碼 | zhèngjiàn hàomǎ | しょうけんごうま | 証書番号。 |

| 中华人民共和国签证申请书 | 中華人民共和國簽証申請書 | Zhōnghuá rénmín gònghéguó qiānzhèng shēnqǐngshū | ちゅうかじんみんきょうわこくせんしょうしんせいしょ | ビザ申請書。留学期間が半年以上の場合は留学（X）査証、半年以内の場合は訪問（F）査証の申請が必要。 |
| 自费留学生 | 自費留學生 | zìfèiliúxuéshēng | じひ　りゅうがくせい | 政府や政府附属機関からの援助がなく、自費で留学をしている学生。 |

## 【中等教育】

| 中国語 | 日本語 | ピンイン | 日本語読み | 意味 |
| --- | --- | --- | --- | --- |
| 普通高中 | 普通高中 | pǔtōng gāozhōng | ふつうこうちゅう | 一般高等学校。「普通高級中学」の略。 |
| 职业高中 | 職業高中 | zhíyè gāozhōng | しょくぎょうこうちゅう | 職業高校。「職業高級中学」の略。たとえば、電子科学、中・英文秘書学科などがある。必ずしも日本の商業高校とは一致しない。日本における商業と工業といった明確な棲み分けはない。 |
| 中等专业学校／中专 | 中等專業學校／中専 | zhōngděng zhuānyè xuéxiào / zhōng zhuān | ちゅうとう　せんぎょうがっこう／ちゅうせん | 中等専門学校。日本の高等学校レベルの専門学校。中等技術学校と中等師範学校の二つに分類される。前者は工業、農業、林業、医薬、財政経済、政治法律、体育、芸術、その他の分野の学校が設置され、後者は小学校教員養成、幼稚園教員養成が目的である。 |
| 技工学校／技校 | 技工學校／技校 | jìgōng xuéxiào / jìxiào | ぎこうがっこう　ぎこう | 日本の高等学校レベルの技術学校。たとえば、電気工学、組み立て技術、情報設備補修、化学工業などの分野の技工学校がある。技工学校は、主として工業、製造部門の人材育成と考えられる。 |
| 普通初中 | 普通初中 | pǔtōng chūzhōng | ふつうしょちゅう | 一般中学。「普通初級中学 pǔtōng chūjí zhōngxué」の略 |

| 中国語 | 日本語 | ピンイン | 日本語読み | 意味 |
| --- | --- | --- | --- | --- |
| 职业初中 | 職業初中 | zhíyè chūzhōng | しょくぎょうしょちゅう | 職業中学。 |

## 【高等教育】

| 中国語 | 日本語 | ピンイン | 日本語読み | 意味 |
| --- | --- | --- | --- | --- |
| 普通高校 | 普通高校 | pǔtōng gāoxiào | ふつうこうこう | 全日制大学。中国では「高校」は高等教育の学校の意味で大学を指す。「普通」の意味は、「特殊」と対比して使用されるとともに、全日制という意味が含まれる。 |
| 职业大学 | 職業大学 | zhíyèdàxué | しょくぎょうだいがく | 職業技術学院とほぼ同じ意味で使われる。2-3年制、普通大学の専科と同等で学士学位が取得できない大学が多い。 |
| 成人大学 | 成人大学 | chéngrén dàxué | せいじんだいがく | 全日制以外の通信、テレビなどの方法で行われている高等教育の学校全体を指す。社会人を対象とする。 |
| 职业技术学院 | 職業技術学院 | zhíyè jìshù xuéyuàn | しょくぎょうぎじゅつがくいん | 職業大学とほぼ同じ意味で使われる。<br>2-3年制、普通大学の専科と同等で学士学位が取得できない大学が多い。 |
| 211工程 | 211工程 | èryāoyāo gōngchéng | にいちいちこうてい | 21世紀にむけて約100校の大学を重点的に発展させるプロジェクト。 |
| 985工程 | 985工程 | jiǔbāwǔ gōngchéng | きゅうはちごこうてい | 1998年5月4日に北京大学百周年記念式典で江沢民が大学は「科学と教育による興国の新鋭部隊」となり、若干の大学は世界の一流水準に到達すべきと檄をとばした演説にちなんでつけられた、国家的プロジェクト名。 |

| | | | | |
|---|---|---|---|---|
| 长江学者 | 長江學者 | Chángjiāng xuézhě | ちょうこうがくしゃ | 1998年に始まった「長江学者奨励計画」（国内外で活動する優れた学者を中国の高等教育機関に招致し、国際的に通用するトップレベルの人材を養成することを目的とする人材育成プロジェクト）で採用された学者や研究者を指す。 |
| 出国热 | 出國熱 | chūguórè | しゅっこくねつ | 出国ブーム。 |
| 大专 | 大專 | dàzhuān | だいせん | 4年制大学の専科と2-3年生の高等教育機関を指す。いずれも短期大学レベルの学歴となる。 |
| 电化教学 | 電化教學 | diànhuà jiàoxué | でんかきょうがく | インターネット教育。 |
| 电教中心／电教站 | 電教中心／電教站 | diànjiào zhōngxīn／diànjiào zhàn | でんきょうちゅうしん／でんきょうたん | メディア教育センター。メディア教育の核となるところ。 |
| 督学 | 督學 | dūxué | とくがく | 学校を視察、監督する。その仕事をする教育行政官。 |
| 复语专业 | 複語專業 | fùyǔ zhuānyè | ふくごせんぎょう | 2ヶ国語習得専攻。 |
| 公共课程 | 公共課程 | gōnggòng kèchéng | こうきょうかてい | 一般教養課程、共通課程。 |
| 海待（带） | 海待（帶） | hǎidài | かいたい | 留学を終え帰国し、職を待っている帰国留学生を指す。 |
| 海归（龟） | 海歸（龜） | hǎiguī | かいき | 海外留学から帰国した人。海亀は生まれたところに卵を産みに帰ってくるところから名がついた。 |
| 函授教育 | 函授教育 | hánshòu jiàoyù | かんじゅきょういく | 通信教育。 |
| 军训 | 軍訓 | jūnxùn | ぐんくん | 軍事訓練。 |
| 跨学科 | 跨學科 | kuà xuékē | こがっか | 二つ以上の学問分野にまたがる学問を行う学科。 |

| | | | | |
|---|---|---|---|---|
| 校办产业 | 校辦(弁)産業 | xiàobàn chǎnyè | こうべんさんぎょう | 学校が運営する産業。 |
| 校友 | 校友 | xiàoyǒu | こうゆう | 在校生や現職の教職員が卒業生や元教職員を指して言う。または、卒業生や元教職員同志で互いを指して言う。 |
| 校友会 | 校友会 | xiàoyǒuhuì | こうゆうかい | 学校の同窓会組織。 |
| 西部开发助学工程 | 西部開発助学工程 | xībù kāifāzhùxué gōngchéng | せいぶかいはつ じょがく こうてい | 政府の西部開発の助学プロジェクト。 |
| 院士 | 院士 | yuànshì | いんし | 院士。中国科学院と中国工程院の各学科の諮問機関のメンバー。アカデミー会員。院内外の著名な科学者が担当。 |
| 远程教育 | 遠程教育 | yuǎnchéng jiàoyù | えんてい きょういく | 遠隔教育。 |

## 【知っておけば便利な URL】(こんな時に以下のウェブサイトをご参照ください。)

| タイトル | URL | どんな時に便利か |
|---|---|---|
| Bit 中国語 | http://bitex-cn.com/dic/ | 日中辞典。日本語入力で検索できる。特に専門用語や新しい単語など辞書にない日本語の中国語訳がすぐにわかる。 |
| 中国教育部 | http://www.moe.gov.cn/ | 中国の文部科学省のホームページ。中国語入力が必要。中国教育統計をはじめ、現在の教育制度に関するあらゆるものが検索できる。特に「本站捜索」は役に立つ。 |
| 中国雅虎首頁 | http://cn.yahoo.com/ | 中国ヤフーのホームページ。中国語入力が必要。 |
| 漢典・汉语辞典 | http://www.chinesemaster.net/chinese_navi/dictionary/online_dictionary/handian_hanyucidian.php | 中国語学習に役立つものが掲載されている。 |

| | | |
|---|---|---|
| 汉典工具 | http://www.zdic.net/tools/ | 中国語の辞書として活用できる。 |
| 中国政府（国家漢語弁公室）が展開するＢＣＴ（ビジネス中国語検定） | http://www.bct-jp.com/index.htm | 日本BCT事務局のホームページ。 |
| 書虫　中国書籍ネット | http://www.frelax.com/sc/ | 中国の図書雑誌案内。 |
| 日本留学指南 | http://www.jasso.go.jp/study_j/index_chi.html | JASSOの中国から日本への留学に関する紹介。 |
| 维基百科 自由的百科全书 (简体字版) | http://zh.wikipedia.org/wiki/Wikipedia:%E9%A6%96%E9%A1%B5 | 中国のWikipedia。 |
| 汉字转换拼音 免费小工具 | http://hanyu.iciba.com/pinyin | ピンイン変換が簡単にできる。 |
| 高中课程网 | http://www.bjkecheng.cn/ | 中国の高校の最新ニュースを紹介。 |
| 一把刀实用查询 wiki 首页 | http://cn.18dao.net/%E9%A6%96%E9%A1%B5 | 何でもＱ＆Ａ。 |
| 一把刀实用查询 wiki "学习类" | http://cn.18dao.net/%E5%AD%A6%E4%B9%A0 | 何でもＱ＆Ａ「学習関連」。 |

## あとがき

　中国の教育制度は非常に複雑で、発展をする一方でまた逆の動きもみられる、いったいどう理解すべきかわからない。こんなにも複雑なものを果たして紹介できるのかという疑問を携え、自問しながら取り組んだ。中国の教育現場で起こっている変化は複雑極まりなく、そんなバラバラで脈絡がないようにみえる現象を、誤解を招かないよう伝えなくてはならない。おまけに中国語の語彙の中には、日本語にないカテゴリーのものがあり、それを日本語で伝える難しさもある。中国の高等教育は改革開放以来、猛スピードで変化している。この手引きを作成している3年の間にもたくさんの変化が起こり、新しい教育用語も次々に生まれてきた。その変化になんとか追い付こうと努めながら、ようやく出版へとこぎつけることができた。

　執筆を担当したJAFSA中国SIGのメンバーは、それぞれ中国留学の経験を持つ。彼らは、日頃大学で仕事をするなかで、言葉を一つひとつ選び出し、自らの経験に照らし、わかりやすく解説しようと努めた。中国で使われる言葉を幅広く、そして一方で中国の教育に関わる組織構造や教育文化まで踏み込んで紹介しようと試みた。

　今回は取り扱う範囲があまりにも広く複雑なため、かなりの時間を割いて情報の真偽を確認し、精査を試みたが、その間にも変化が起こり、同じ制度が地域事情によって全く異なる理解につながる場合もあった。このまま出版することについては、正直なところためらいがあった。批判を覚悟の上で決断したのは、このような手引きの必要性を訴えるためではなかったか。多少の経験を買われて担当した編集作業であったが、改めて根気と忍耐力を養わせてもらった。1990年代から始まったJAFSA中国SIGの活動が、少しずつであるが、このような形で実が結んできたことは、中国SIG代表をはじめメンバーの継続的な努力によるものと思われる。

　本書は、中国語を勉強したことがない人、また中国語を勉強している人にも活用していただけるように、日本語と中国語での、2種類の索引を作成した。中国の教育・留学用語でわからない言葉を辞書で引き、さらに具体的に知りたい場合、この手引きは役立つことだろう。また語彙解説、コラムでは、現在の中国の教育事情を伝える具体例を多く取り上げた。気軽な読み物として楽しんでいただけたら、ありがたい。

　本書は各執筆者の努力の賜物であるが、まだ表現や説明不十分なため、時には誤解を生むことも考えられる。活用された方からのご指摘、ご意見をお待ちしている。最後に編集に際しては、関西学院大学出版会編集部の方々に大変お世話になった。ここに深く感謝申し上げたい。

2010年5月　　**澤谷敏行**

# 中国語索引

| 中国語 | ピンイン | 頁 |
|---|---|---|
| — A — | | |
| 安装 | ānzhuāng | 97 |
| — B — | | |
| 百分制 | bǎifēnzhì | 19 |
| 80后大学生 | bālinghòu dàxuéshēng | 1 |
| 班干部 | bāngànbu | 84 |
| 班级 | bānjí | 84 |
| 班委会 | bānwěihuì | 10 |
| 班学生委员会 | bānxuéshēng wěiyuánhuì | 10 |
| 班长 | bānzhǎng | 84 |
| 班主任 | bānzhǔrèn | 84 |
| 帮助 | bāngzhù | 84 |
| 报到 | bào dào | 10 84 |
| 报告 | bàogào | 84 |
| 报刊 | bàokān | 84 |
| 报考 | bàokǎo | 91 |
| 报名 | bàomíng | 100 |
| 报名费 | bàomíngfèi | 100 |
| 报名顺序号 | bàomíng shùnxùhào | 100 |
| 报纸 | bàozhǐ | 95 |
| 保安 | bǎo'ān | 95 |
| 保送 | bǎosòng | 5 |
| 背 | bèi | 84 |
| 备课 | bèikè | 84 |
| 背诵 | bèisòng | 84 |
| 本子 | běnzi | 84 |
| 便览 | biànlǎn | 100 |
| 笔记 | bǐjì | 97 |
| 笔记本 | bǐjìběn | 97 |
| 笔记本电脑 | bǐjìběn diànnǎo | 97 |
| 笔译 | bǐyì | 84 |
| 笔试 | bǐshì | 91 |
| 病毒 | bìngdú | 98 |
| 病假 | bìngjià | 84 |
| 必修课 | bìxiūkè | 84 |
| 毕业证书 | bìyè zhèngshū | 35 |
| 毕业典礼 | bìyèdiǎnlǐ | 95 |
| 毕业证 | bìyèzhèng | 35 |
| 博导 | bódǎo | 46 |
| 薄弱学校 | bóruò xuéxiào | 78 |
| 博士 | bóshì | 41 |
| 博士后 | bóshìhòu | 44 |
| 博士后流动站 | bóshìhòu liúdòng zhàn | 45 |
| 博士生导师 | bóshìshēng dǎoshī | 46 |
| 不及格/不合格 | bùjígé / bùhégé | 91 |
| 补办 | bǔbàn | 101 |
| 补考 | bǔkǎo | 91 |
| 补课 | bǔkè | 84 |
| 补习 | bǔxí | 84 |
| 补校 | bǔxiào | 84 |
| 补习班 | bǔxíbān | 84 |
| 补做 | bǔzuò | 91 |
| — C — | | |
| 才华出众 | cáihuá chūzhòng | 22 |
| 测试 | cèshì | 91 |
| 测验 | cèyàn | 91 |
| 插班 | chābān | 85 |
| 插班生 | chābānshēng | 85 |
| 插头 | chātóu | 98 |
| 插座 | chāzuò | 98 |
| 长江学者 | Chángjiāng xuézhě | 48 105 |
| 抄本 | chāoběn | 100 |
| 查问/查询 | cháwèn / cháxún | 95 |
| 承办 | chéngbàn | 91 |
| 承办单位 | chéngbàndānwèi | 91 |
| 成绩单 | chéngjìdān | 85 |
| 成考 | chéngkǎo | 4 |

| 成人高等教育 | chéngrén gāoděng jiàoyù | 71 |
| 成人高考 | chéngrén gāokǎo | 4 |
| 成人大学 | chéngréndàxué | 104 |
| 尺子 | chǐzi | 98 |
| 传达室 | chuándáshì | 95 |
| 出榜 | chūbǎng | 22 |
| 出国热 | chūguórè | 105 |
| 出入境检验检疫局 | chūrùjìng jiǎnyàn jiǎnyìjú | 100 |
| 辍学 | chuòxué | 26 |
| 磁带 | cídài | 98 |
| 词汇 | cíhuì | 85 |
| 磁盘 | cípán | 98 |
| 存车处 | cúnchēchù | 95 |

— D —

| 大学英语考试 | dàxué Yīngyǔ kǎoshì | 27 |
| 大专 | dàzhuān | 105 |
| 答卷 | dájuàn | 92 |
| 打印 | dǎyìn | 85 |
| 打印机 | dǎyìnjī | 98 |
| 代号 | dàihào | 92 |
| 单词 | dāncí | 85 |
| 档案 | dàng'àn | 31 |
| 党校 | dǎngxiào | 79 |
| 单人间 | dānrénjiān | 95 |
| 盗版 | dàobǎn | 98 |
| 导师制 | dǎoshī zhì | 55 |
| 等第 / 等级 | děngdì / děngjí | 92 |
| 等级分范围 | děngjífēnfànwéi | 92 |
| 等级分数 | děngjífēnshù | 92 |
| 第二学士学位 | dì'èr xuéshì xuéwèi | 54 |
| 电化教学 | diànhuà jiàoxué | 105 |
| 电教中心 / 电教站 | diànjiào zhōngxīn / diànjiàozhàn | 105 |
| 电视教育 | diànshì jiàoyù | 73 |
| 点名 | diǎnmíng | 85 |
| 点名册 | diǎnmíngcè | 85 |
| 点题 | diǎntí | 85 |
| 调班 | diàobān | 85 |
| 调干生 | diàogànshēng | 6 |
| 订书机 | dìngshūjī | 98 |
| 订书器 | dìngshūqì | 98 |
| 定向培养硕士生 | dìngxiàng péiyǎng shuòshìshēng | 42 |
| 底线 | dǐxiàn | 92 |
| 地址 | dìzhǐ | 98 |
| 短期课程 | duǎnqīkèchéng | 85 |
| 短信 | duǎnxìn | 98 |
| 短训课程 | duǎnxùn kèchéng | 85 |
| 读本 | dúběn | 85 |
| 读书 | dúshū | 85 |
| 读写 | dúxiě | 85 |
| 镀金 | dùjīn | 58 |
| 督学 | dūxué | 105 |

— E —

| 耳机 | ěrjī | 98 |
| 2008 级 | èrlínglíngbā jí | 1 |
| 二外 | èrwài | 85 |
| 211 工程 | èryāoyāo gōngchéng | 64, 104 |

— F —

| 发卷 | fājuàn | 92 |
| 泛读 | fàndú | 85 |
| 放假 | fàngjià | 95 |
| 放学 | fàngxué | 95 |
| 饭票 | fànpiào | 95 |
| 非定向培养硕士生 | fēi dìngxiàng péiyǎng shuòshìshēng | 42 |
| 分班考试 | fēnbānkǎoshì | 92 |
| 粉笔 | fěnbǐ | 98 |
| 辅导 | fǔdǎo | 85 |
| 辅导老师 | fǔdǎo lǎoshī | 86 |
| 辅导员 | fǔdǎoyuán | 15 |
| 复读 | fùdú | 6 |
| 复述练习 | fùshùliànxí | 86 |
| 复习 | fùxí | 86 |
| 复印 | fùyìn | 86 |

| | | |
|---|---|---|
| 复语专业 | fùyǔzhuānyè | 105 |
| 附件 | fùjiàn | 100 |

— G —

| | | |
|---|---|---|
| 改卷子 | gǎijuànzi | 86 |
| 改写 | gǎixiě | 86 |
| 高等教育 | gāoděng jiàoyù | 69 |
| 高等教育自学考试 | gāoděng jiàoyù zìxué kǎoshì | 72 |
| 高等学校 | gāoděng xuéxiào | 67 |
| 高分 | gāofēn | 92 |
| 高级知识分子 | gāojí zhīshi fènzǐ | 52 |
| 高教 | gāojiào | 69 |
| 高考 | gāokǎo | 4 |
| 高考状元 | gāokǎo zhuàngyuán | 7 |
| 高校 | gāoxiào | 67 |
| 高校考试 | gāoxiào kǎoshì | 4 |
| 高校统一考试 | gāoxiào tǒngyī kǎoshì | 4 |
| 公安 | gōng'ān | 95 |
| 公费留学生 | gōngfèi liúxuéshēng | 58 105 |
| 公共课程 | gōnggòng kèchéng | 105 |
| 功课 | gōngkè | 92 |
| 供需见面 | gōngxū jiànmiàn | 30 |
| 光标 | guāngbiāo | 98 |
| 光电阅读机 | guāngdiàn yuèdújī | 98 |
| 光盘 | guāngpán | 98 |
| 关机 | guānjī | 98 |
| 关键词 | guānjiàncí | 86 |
| 国家奖学金 | guójiā jiǎngxuéjīn | 8 |
| 国家励志奖学金 | guójiā lìzhì jiǎngxuéjīn | 8 |
| 国家助学贷款 | guójiā zhùxué dàikuǎn | 9 |
| 国家助学金 | guójiā zhùxuéjīn | 7 |

— H —

| | | |
|---|---|---|
| 海待（带） | hǎidài | 59 105 |
| 海归（龟） | hǎiguī | 59 105 |
| 寒假 | hánjià | 95 |
| 函授教育 | hánshòu jiàoyù | 73 105 |
| 汉语国际教育硕士 | Hànyǔ guójì jiàoyù shuòshì | 43 |
| 汉语进修生 | Hànyǔ jìnxiūshēng | 101 |
| 汉语作为外语教学能力考试 | Hànyǔ zuò wéi wàiyǔ jiàoxué nénglì kǎoshì | 28 |
| 汉语水平考试 | Hànyǔshuǐpíngkǎoshì | 92 |
| 黑板擦 | hēibǎncā | 98 |
| 合上试卷 | héshàng shìjuàn | 92 |
| 汇款 | huìkuǎn | 95 |
| 伙食费 | huǒshífèi | 96 |
| 户头 | hùtóu | 96 |
| 护照 | hùzhào | 101 |

— J —

| | | |
|---|---|---|
| 家教 | jiājiào | 12 |
| 剪报 | jiǎnbào | 86 |
| 剪刀 / 剪子 | jiǎndāo / jiǎnzi | 98 |
| 讲课 | jiǎngkè | 86 |
| 讲师 | jiǎngshī | 45 |
| 讲台 | jiǎngtái | 86 |
| 监考 / 监试 | jiānkǎo / jiānshì | 92 |
| 监考老师 | jiānkǎo lǎoshī | 92 |
| 监考人 | jiānkǎorén | 92 |
| 键盘 | jiànpán | 98 |
| 尖子学生 | jiānzi xuéshēng | 22 |
| 交课本 / 发课本 / 发书 | jiāo kèběn / fā kèběn / fāshū | 86 |
| 教案 | jiào'àn | 86 |
| 教导 | jiàodǎo | 86 |
| 教导处（中小学） | jiàodǎochù | 86 |
| 教科书 | jiàokēshū | 86 |
| 教师评价 | jiàoshī píngjià | 48 |
| 教师资格证书 | jiàoshī zīgé zhèngshū | 49 |
| 教师节 | jiàoshījié | 96 |
| 教授 | jiàoshòu | 45 |
| 教务处（大学） | jiàowùchù | 86 |
| 教育部 | jiàoyùbù | 63 |

| 教育督导 | jiàoyù dūdǎo | 86 |
|---|---|---|
| 假期 | jiàqī | 96 |
| 假期课程 | jiàqī kèchéng | 86 |
| 假期作业 | jiàqī zuòyè | 86 |
| 假日 | jiàrì | 96 |
| 级别 | jíbié | 92 |
| 基础教育 | jīchǔ jiàoyù | 60 |
| 基础课 | jīchǔkè | 18, 87 |
| 节/堂 | jié / táng | 87 |
| 结业 | jiéyè | 87 |
| 结业证书 | jiéyè zhèngshū | 87 |
| 及格/合格 | jígé / hégé | 92 |
| 及格分数线 | jígé fēnshù xiàn | 92 |
| 技工学校/技校 | jìgōng xuéxiào / jìxiào | 77, 103 |
| 计划名额 | jìhuà míng'é | 92 |
| 进修证明书 | jìnxiū zhèngmíngshū | 87 |
| 进修证书 | jìnxiū zhèngshū | 87 |
| 精读 | jīngdú | 87 |
| 精品课程 | jīngpǐn kèchéng | 54 |
| 警卫 | jǐngwèi | 96 |
| 九年制义务教育 | jiǔ niánzhì yìwù jiàoyù | 60 |
| 985工程 | jiǔbāwǔ gōngchéng | 66, 104 |
| 90后大学生 | jiǔlínghòu dàxuéshēng | 1 |
| 就业 | jiùyè | 30 |
| 就业指导中心 | jiùyè zhǐdǎo zhōngxīn | 31 |
| 继续教育 | jìxù jiàoyù | 50 |
| 卷子 | juànzi | 93 |
| 居留证 | jūliúzhèng | 96 |
| 军事院校 | jūnshì yuànxiào | 79 |
| 军校 | jūnxiào | 79 |
| 军训 | jūnxùn | 19, 105 |
| 举手 | jǔshǒu | 87 |
| 句型操练 | jùxíngcāoliàn | 87 |
| 句子理解 | jùzi lǐjiě | 87 |
| 局域网 | júyùwǎng | 98 |

— K —

| 开除学籍 | kāichú xuéjí | 25 |
|---|---|---|
| 开课 | kāikè | 87 |
| 开题报告 | kāitíbàogào | 87 |
| 开学 | kāixué | 87 |
| 拷贝 | kǎobèi | 87 |
| 考查 | kǎochá | 93 |
| 考场 | kǎochǎng | 93 |
| 考点 | kǎodiǎn | 93 |
| 考点代号 | kǎodiǎn dàihào | 93 |
| 考期 | kǎoqī | 93 |
| 考区 | kǎoqū | 93 |
| 考生 | kǎoshēng | 93 |
| 考试 | kǎoshì | 19, 93 |
| 考试作弊 | kǎoshì zuòbì | 23 |
| 考试地点 | kǎoshì dìdiǎn | 93 |
| 考试日期 | kǎoshì rìqī | 93 |
| 考试时间 | kǎoshì shíjiān | 93 |
| 考研 | kǎoyán | 36 |
| 考验 | kǎoyàn | 87 |
| 课 | kè | 87 |
| 课本 | kèběn | 87 |
| 课程 | kèchéng | 87 |
| 课程表 | kèchéngbiǎo | 88 |
| 课堂 | kètáng | 88 |
| 客座教授 | kèzuò jiàoshòu | 47 |
| 空格 | kònggé | 93 |
| 空中教育 | kōngzhōng jiàoyù | 74 |
| 孔子学院 | Kǒngzǐ xuéyuàn | 81 |
| 口试 | kǒushì | 93 |
| 口头操作练习 | kǒutóu cāozuò liànxí | 88 |
| 口译 | kǒuyì | 88 |
| 口语 | kǒuyǔ | 88 |
| 跨学科 | kuà xuékē | 53, 105 |
| 宽带 | kuāndài | 98 |

| | | |
|---|---|---|
| 旷课 | kuàngkè | 24 |
| 跨区做题 | kuàqū zuòtí | 93 |
| 扩招 | kuòzhāo | 2 |

— L —

| | | |
|---|---|---|
| 朗读 | lǎngdú | 88 |
| 朗诵 | lǎngsòng | 88 |
| 离场 | líchǎng | 93 |
| 领取 | lǐngqǔ | 101 |
| 留级 | liújí | 26 |
| 留学生办公室 | liúxuéshēng bàngōngshì | 101 |
| 乱码 | luànmǎ | 98 |
| 论文答辩 | lùnwén dábiàn | 41 |
| 录取分数 | lùqǔ fēnshù | 93 |
| 录取名额 | lùqǔ míng'é | 93 |
| 录取通知书 | lùqǔ tōngzhīshū | 101 |

— M —

| | | |
|---|---|---|
| 门 | mén | 88 |
| 门卫 | ménwèi | 96 |
| 免考 | miǎnkǎo | 93 |
| 面试 | miànshì | 93 |
| 密码 | mìmǎ | 98 |
| 墨盒 | mòhé | 99 |
| 模拟考试 | mónǐ kǎoshì | 93 |

— N —

| | | |
|---|---|---|
| 念书 | niànshū | 88 |

— P —

| | | |
|---|---|---|
| 派出所 | pàichūsuǒ | 96 |
| 培训 | péixùn | 88 |
| 培养 | péiyǎng | 88 |
| 批改作业 | pīgǎi zuòyè | 88 |
| 皮筋儿 | píjīnr | 99 |
| 评定表 | píngdìngbiǎo | 20 |
| 评试卷 | píngshìjuàn | 93 |
| 屏幕 | píngmù | 99 |
| 拼写练习 | pīnxiě liànxí | 88 |
| 拼写训练 | pīnxiě xùnliàn | 88 |
| 普通初中 | pǔtōng chūzhōng | 103 |
| 普通高校 | pǔtōng gāoxiào | 104 |
| 普通高中 | pǔtōng gāozhōng | 103 |

— Q —

| | | |
|---|---|---|
| 铅笔 | qiānbǐ | 99 |
| 启动 | qǐdòng | 99 |
| 请假 | qǐngjià | 96 |
| 青年志愿者 | qīngnián zhìyuànzhě | 12 |

— R —

| | | |
|---|---|---|
| 软件 | ruǎnjiàn | 99 |
| 入学申请书 | rùxué shēnqǐngshū | 101 |

— S —

| | | |
|---|---|---|
| 三好学生 | sānhǎo xuésheng | 23 |
| 三甲 | sānjiǎ | 94 |
| 扫描 | sǎomiáo | 99 |
| 删除 | shānchú | 88 |
| 上/下学期 | shàng / xià xuéqī | 101 |
| 上课 | shàngkè | 88 |
| 上网 | shàngwǎng | 99 |
| 上学 | shàngxué | 88 |
| 商务贴 | shāngwùtiē | 99 |
| 舍监 | shèjiān | 17 |
| 身份证 | shēnfènzhèng | 96 |
| 社区教育 | shèqū jiàoyù | 51 |
| 试读生 | shìdúshēng | 88 |
| 试卷 | shìjuàn | 94 |
| 试卷号码 | shìjuàn hàomǎ | 94 |
| 试题 | shìtí | 94 |
| 食堂 | shítáng | 96 |
| 实习 | shíxí | 29 |
| 失足青少年 | shīzú qīngshàonián | 25 |
| 手册 | shǒucè | 101 |
| 手抄 | shǒuchāo | 88 |
| 手记 | shǒujì | 89 |
| 手机 | shǒujī | 96 |
| 手势 | shǒushì | 96 |
| 手续 | shǒuxù | 101 |
| 手续费 | shǒuxùfèi | 101 |
| 收发室 | shōufāshì | 96 |
| 首页 | shǒuyè | 99 |

| | | | | | |
|---|---|---|---|---|---|
| 双人间 | shuāngrénjiān | 96 | 听讲 | tīngjiǎng | 89 |
| 双向选择 | shuāngxiàng xuǎnzé | 30 | 听课 | tīngkè | 89 |
| 双语教学 | shuāngyǔ jiàoxué | 53 | 听力 | tīnglì | 94 |
| 鼠标 | shǔbiāo | 99 | 听说读写 | tīngshuō dúxiě | 89 |
| 暑假 | shǔjià | 96 | 听写默写 | tīngxiě mòxiě | 89 |
| 书架 | shūjià | 99 | 提问 | tíwèn | 89 |
| 书签 | shūqiān | 99 | 同班同学 | tóngbān tóngxué | 90 |
| 书面语 | shūmiànyǔ | 89 | 同学 | tóngxué | 90 |
| 数据 | shùjù | 99 | 通才教育 | tōngcái jiàoyù | 51 |
| 硕士 | shuòshì | 37 | 通讯地址 | tōngxùn dìzhǐ | 101 |
| 输入法 | shūrùfǎ | 99 | 投影仪 | tóuyǐngyí | 99 |
| 疏流路径 | shūliú lùjìng | 96 | 推荐 | tuījiàn | 101 |
| 疏散梯 | shūsàntī | 96 | 推选 | tuīxuǎn | 101 |
| 搜索引擎 | sōusuǒ yǐnqíng | 99 | 退学 | tuìxué | 25 |
| 速成班 | sùchéngbān | 89 | 托福 | tuōfú | 28 |
| 速成培训 | sùchéng péixùn | 89 | — U — | | |
| 随队老师 | suíduì lǎoshī | 97 | U 盘 | u pán | 99 |
| 缩微照片 | suōwēi zhàopiàn | 101 | — W — | | |
| 宿舍 | sùshè | 16 | 外国留学人员来华签证申请书 | wàiguó liúxué rényuán láihuá qiānzhèng shēnqǐngshū | 101 |
| 宿舍费 | sùshèfèi | 96 | | | |
| 素质教育 | sùzhì jiàoyù | 56 | 外国人居留证 | wàiguórén jūliúzhèng | 102 |
| — T — | | | 外国人体格检查记录 | wàiguórén tǐgé jiǎnchá jìlù | 102 |
| 太平门 | tàipíngmén | 97 | | | |
| 太平梯 | tàipíngtī | 97 | 外聘教授 | wàipìn jiàoshòu | 47 |
| 台式电脑 | táishì diànnǎo | 99 | 外事办公室 | wàishì bàngōngshì | 102 |
| 弹性学制 | tánxìng xuézhì | 55 | 网吧 | wǎngbā | 99 |
| 逃课 | táokè | 24 | 网费 | wǎng fèi | 99 |
| 逃学 | táoxué | 24 | 网络 | wǎngluò | 99 |
| 讨论 | tǎolùn | 89 | 网线 | wǎngxiàn | 99 |
| 讨论式课程 | tǎolùnshì kèchéng | 89 | 网页 | wǎngyè | 100 |
| 填补空缺 | tiánbǔ kòngquē | 94 | 完成句子 | wánchéng jùzi | 94 |
| 填空测验 | tiánkòng cèyàn | 94 | 完形填空 | wánxíng tiánkòng | 94 |
| 填写 | tiánxiě | 89 | 问答练习 | wèndáliànxí | 90 |
| 跳班 | tiàobān | 89 | 文化冲击 | wénhuà chōngjī | 97 |
| 跳级 | tiàojí | 89 | 文件 | wénjiàn | 102 |
| 停车场 | tíngchēchǎng | 97 | 五年一贯制高职 | wǔnián yīguànzhì gāozhí | 76 |
| 停顿 | tíngdùn | 89 | | | |
| 听从 | tīngcóng | 89 | 无线网 | wúxiànwǎng | 100 |

## — X —

| 中国語 | ピンイン | ページ |
|---|---|---|
| 下课 | xiàkè | 90 |
| 下载 | xiàzǎi | 100 |
| 橡皮 | xiàngpí | 100 |
| 相片 | xiàngpiàn | 102 |
| 显示器 | xiǎnshìqì | 100 |
| 显微照相 | xiǎnwēi zhàoxiàng | 102 |
| 小册子 | xiǎocèzi | 102 |
| 小抄 | xiǎochāo | 94 |
| 小卖部 | xiǎomàibù | 97 |
| 校办产业 | xiàobàn chǎnyè | 67, 106 |
| 校警 | xiàojǐng | 97 |
| 校历 | xiàolì | 97 |
| 校庆 | xiàoqìng | 97 |
| 校区 / 校园 | xiàoqū / xiàoyuán | 97 |
| 校友 | xiàoyǒu | 106 |
| 校友会 | xiàoyǒuhuì | 106 |
| 校长 | xiàozhǎng | 45 |
| 西部开发助学工程 | xībù kāifā zhùxué gōngchéng | 66, 106 |
| 卸载 | xièzǎi | 100 |
| 写作 | xiězuò | 90 |
| 姓名 | xìngmíng | 102 |
| 新生 | xīnshēng | 97 |
| 新闻 | xīnwén | 90 |
| 习题 | xítí | 90 |
| 习作 | xízuò | 90 |
| 修改 | xiūgǎi | 90 |
| 休假年 | xiūjiànián | 49 |
| 休学 | xiūxué | 26 |
| 选修课 | xuǎnxiūkè | 90 |
| 学费 | xuéfèi | 102 |
| 学生社团 | xuéshēng shètuán | 14 |
| 学生文化节 | xuéshēng wénhuàjié | 15 |
| 学生会 | xuéshēnghuì | 12 |
| 学生证 | xuéshēngzhèng | 102 |
| 学时 | xuéshí | 90 |
| 学院 | xuéyuàn | 69 |
| 序号 | xùhào | 94 |
| 巡视 | xúnshì | 94 |

## — Y —

| 中国語 | ピンイン | ページ |
|---|---|---|
| 押金 | yājīn | 102 |
| 样题 | yàngtí | 90 |
| 演讲 | yǎnjiǎng | 90 |
| 演讲比赛 | yǎnjiǎng bǐsài | 90 |
| 研究生 | yánjiūshēng | 36 |
| 研究生研究室 | yánjiūshēng yánjiūshì | 44 |
| 研究生助教 | yánjiūshēng zhùjiào | 43 |
| 研究员 | yánjiūyuán | 46 |
| 遥控器 | yáokòngqì | 100 |
| 压缩 | yāsuō | 100 |
| 业余学校 | yèyú xuéxiào | 51 |
| 一对一上课方式 | yīduìyī shàngkè fāngshì | 90 |
| 因材施教 | yīncái shījiào | 52 |
| 硬件 | yìngjiàn | 100 |
| 应届毕业生 | yīngjiè bìyèshēng | 1 |
| 应考 | yìngkǎo | 94 |
| 肄业 | yìyè | 26 |
| 远程教学 | yuǎnchéng jiāoxué | 74 |
| 远程教育 | yuǎnchéng jiāoyù | 74, 106 |
| 院士 | yuànshì | 48, 106 |
| 原件 | yuánjiàn | 102 |
| 阅读 | yuèdú | 94 |
| 月考 | yuèkǎo | 94 |
| 语法 | yǔfǎ | 94 |
| 预科 | yùkē | 80 |
| 语言辩正 | yǔyán biànzhèng | 90 |
| 语言生 | yǔyánshēng | 102 |
| 语言学校 | yǔyán xuéxiào | 90 |

## — Z —

| 中国語 | ピンイン | ページ |
|---|---|---|
| 在线 | zàixiàn | 100 |
| 造句 | zàojù | 90 |

| | | |
|---|---|---|
| 章法 | zhāngfǎ | 90 |
| 照片 | zhàopiàn | 102 |
| 招聘会 | zhāopìnhuì | 31 |
| 招生 | zhāoshēng | 2 |
| 招收 | zhāoshōu | 102 |
| 正版 | zhèngbǎn | 100 |
| 证件号码 | zhèngjiàn hàomǎ | 102 |
| 证书 | zhèngshū | 102 |
| 指导 | zhǐdǎo | 90 |
| 指南 | zhǐnán | 97 |
| 直升 | zhíshēng | 6 |
| 职业初中 | zhíyè chūzhōng | 104 |
| 职业高中 | zhíyè gāozhōng | 78, 103 |
| 职业教育 | zhíyè jiàoyù | 74 |
| 职业技术学院 | zhíyè jìshù xuéyuàn | 104 |
| 职业大学 | zhíyèdàxué | 104 |
| 志愿学校 | zhìyuàn xuéxiào | 94 |
| 志愿表 | zhìyuànbiǎo | 94 |
| 中等专业学校 / 中专 | zhōngděng zhuānyè xuéxiào / zhōngzhuān | 76, 103 |
| 中华人民共和国签证申请书 | Zhōnghuá rénmín gònghéguó qiānzhèng shēnqǐngshū | 103 |
| 中期考核 | zhōngqī kǎohé | 37 |
| 重点大学 | zhòngdiǎn dàxué | 65 |
| 转班 | zhuǎnbān | 91 |
| 状元 | zhuàngyuán | 7 |
| 专家 | zhuānjiā | 47 |
| 专门 | zhuānmén | 91 |
| 专业 | zhuānyè | 91 |
| 主考 | zhǔkǎo | 94 |
| 主考教师 | zhǔkǎo jiàoshī | 95 |
| 助理研究员 | zhùlǐ yánjiūyuán | 46 |
| 准考证 | zhǔnkǎozhèng | 95 |
| 住宿 | zhùsù | 97 |
| 住校生 | zhùxiàoshēng | 15 |
| 咨询 | zīxún | 97 |
| 咨询处 | zīxúnchù | 97 |
| 字母 | zìmǔ | 91 |
| 字音 | zìyīn | 91 |
| 自动铅笔 | zìdòngqiānbǐ | 100 |
| 自费留学生 | zìfèi liúxuéshēng | 103 |
| 自学考试 / 自考 | zìxué kǎoshì / zìkǎo | 72 |
| 自主招生 | zìzhǔ zhāoshēng | 3 |
| 宗教院校 | zōngjiào yuànxiào | 80 |
| 综合 | zōnghé | 95 |
| 总分 | zōngfēn | 95 |
| 总学时 | zǒngxuéshí | 91 |
| 走读生 | zǒudúshēng | 88 |
| 走后门入学 | zǒuhòumén rùxué | 7 |
| 作弊 | zuòbì | 95 |
| 作废 | zuòfèi | 95 |
| 作文 | zuòwén | 91 |
| 作业 | zuòyè | 91 |

# 日本語索引

| 日本語 | 日本語読み | 頁 |
|---|---|---|
| — あ — | | |
| 圧縮 | あっしゅく | 100 |
| 安装 | あんそう | 97 |
| 肄業 | いぎょう | 26 |
| 一対一上課方式 | いちたいいち じょうかほうしき | 90 |
| 因材施教 | いんざいせきょう | 52 |
| 院士 | いんし | 48, 106 |
| 畢業典礼 | えつぎょうてんれい | 95 |
| 閲読 | えつどく | 94 |
| 演講 | えんこう | 90 |
| 演講比賽 | えんこうひさい | 90 |
| 遠程教育 | えんていきょういく | 74, 106 |
| 遠程教学 | えんていきょうがく | 74 |
| 鉛筆 | えんぴつ | 99 |
| 応届畢業生 | おうかいひつぎょうせい | 1 |
| 押金 | おうきん | 102 |
| 応考 | おうこう | 94 |
| — か — | | |
| 開課 | かいか | 87 |
| 開学 | かいがく | 87 |
| 匯款 | かいかん | 95 |
| 海帰／海亀 | かいき | 59, 105 |
| 海待／海帯 | かいたい | 59, 105 |
| 改巻子 | かいけんし | 86 |
| 外国人居留証 | がいこくじん きょりゅうしょ | 102 |
| 外国人体格検査記録 | がいこくじん たいかくけんさきろく | 102 |
| 外国留学人員来華簽証申請書 | がいこくりゅうがくじんいんらいかせんしょうしんせいしょ | 101 |
| 外事辦(弁)公室 | がいじべんこうしつ | 102 |
| 改写 | かいしゃ | 86 |
| 開除学籍 | かいじょがくせき | 25 |
| 開題報告 | かいだいほうこく | 87 |
| 外聘教授 | がいへいきょうじゅ | 47 |
| 暇期 | かき | 96 |
| 暇期課程 | かきかてい | 86 |
| 暇期作業 | かきさぎょう | 86 |
| 家教 | かきょう | 12 |
| 学院 | がくいん | 69, 104 |
| 学時 | がくじ | 90 |
| 拡招 | かくしょう | 2 |
| 学生会 | がくせいかい | 12 |
| 学生社団 | がくせいしゃだん | 14 |
| 学生証 | がくせいしょう | 102 |
| 学生文化節 | がくせいぶんかせつ | 15 |
| 学費 | がくひ | 102 |
| 下載 | かさい | 100 |
| 暇日 | かじつ | 96 |
| 火（夥）食費 | かしょくひ | 96 |
| 課 | か | 87 |
| 課程 | かてい | 87 |
| 課程表 | かていひょう | 88 |
| 課堂 | かどう | 88 |
| 課本 | かほん | 87 |
| 上／下学期 | かみ／しもがっき | 101 |
| 寒暇 | かんか | 95 |
| 関機 | かんき | 98 |
| 完形填空 | かんけいてんくう | 94 |
| 関鍵詞 | かんけんし | 86 |
| 漢語国際教育碩士 | かんご こくさいきょういく せきし | 43 |
| 漢語作為外語教学能力考試 | かんごさくい がいごきょうがく のうりょくこうし | 28 |
| 漢語進修生 | かんごしんしゅうせい | 101 |
| 漢語水平考試 | かんごすいへいこうし | 92 |

| 日本語 | よみ | ページ |
|---|---|---|
| 巻子 | かんし | 93 |
| 監考／監試 | かんこう／かんし | 92 |
| 監考人 | かんこうにん | 92 |
| 監考老師 | かんこうろうし | 92 |
| 函授教育 | かんじゅきょういく | 73, 105 |
| 完成句子 | かんせいくこ | 94 |
| 寛帯 | かんたい | 98 |
| 技工学校／技校 | ぎこうがっこう／ぎこう | 77, 103 |
| 基礎教育 | きそきょういく | 60 |
| 基礎課 | きそか | 18, 87 |
| 掃描 | きびょう | 99 |
| 客座教授 | きゃくざきょうじゅ | 47 |
| 休学 | きゅうがく | 26 |
| 及格／合格 | きゅうかく／ごうかく | 92 |
| 及格分数綫 | きゅうかく ぶんすうせん | 92 |
| 休假年 | きゅうかねん | 49 |
| 90後大学生 | きゅうぜろご だいがくせい | 1 |
| 九年制義務教育 | きゅうねんせい ぎむ きょういく | 60 |
| 985工程 | きゅうはちご こうてい | 66, 104 |
| 級別 | きゅうべつ | 92 |
| 教案 | きょうあん | 86 |
| 教育督導 | きょういくとくどう | 86 |
| 教育部 | きょういくぶ | 63 |
| 教科書 | きょうかしょ | 86 |
| 教師資格証書 | きょうし しかくしょうしょ | 49 |
| 教師評価 | きょうしひょうか | 48 |
| 教師節 | きょうしせつ | 96 |
| 教授 | きょうじゅ | 45 |
| 教導 | きょうどう | 86 |
| 教導処 | きょうどうしょ | 86 |
| 教務処 | きょうむしょ | 86 |
| 供需見面 | きょうじゅけんめん | 30 |
| 業余学校 | ぎょうよがっこう | 51 |
| 局域網 | きょくいきもう | 98 |
| 挙手 | きょしゅ | 87 |
| 居留証 | きょりゅうしょう | 96 |
| 空格 | くうかく | 93 |
| 空中教育 | くうちゅうきょういく | 74 |
| 句型操練 | くけいそうれん | 87 |
| 句子理解 | くしりかい | 87 |
| 軍訓 | ぐんくん | 19, 105 |
| 軍校 | ぐんこう | 79 |
| 軍事院校 | ぐんじいんこう | 79 |
| 警衛 | けいえい | 96 |
| 計劃（画）名額 | けいかくめいがく | 92 |
| 継続教育 | けいぞくきょういく | 50 |
| 啓動 | けいどう | 99 |
| 下課 | げか | 90 |
| 結業 | けつぎょう | 87 |
| 結業証書 | けつぎょうしょうしょ | 87 |
| 月考 | げつこう | 94 |
| 研究員 | けんきゅういん | 46 |
| 研究生 | けんきゅうせい | 36 |
| 研究生研究室 | けんきゅうせい けんきゅうしつ | 44 |
| 研究生助教 | けんきゅうせい じょきょう | 43 |
| 原件 | げんけん | 102 |
| 顕示器 | けんじき | 100 |
| 鍵盤 | けんばん | 98 |
| 顕微照相 | けんびしょうそう | 102 |
| 口語 | こうご | 88 |
| 口試 | こうし | 93 |
| 口頭操作練習 | こうとうそうさ れんしゅう | 88 |
| 口訳 | こうやく | 88 |
| 公安 | こうあん | 95 |
| 公共課程 | こうきょうかてい | 105 |
| 公費留学生 | こうひりゅうがくせい | 58, 101 |
| 孔子学院 | こうしがくいん | 81 |
| 功課 | こうか | 92 |

| | | | | | | |
|---|---|---|---|---|---|---|
| 旷課 | こうか | 24 | 校友会 | こうゆうかい | 106 |
| 交課本／発課本／発書 | こうかぽん／はっかぽん／はつしょ | 86 | 校暦 | こうれき | 97 |
| | | | 校辦（弁）産業 | こうべんさんぎょう | 67 106 |
| 光電閲読機 | こうでん えつどくき | 98 | 校暦 | こうれき | 97 |
| 光盤 | こうばん | 98 | 硬件 | こうけん | 100 |
| 光標 | こうひょう | 98 | 講課 | こうか | 86 |
| 考期 | こうき | 93 | 講師 | こうし | 45 |
| 考区 | こうく | 93 | 講台 | こうだい | 86 |
| 考研 | こうけん | 36 | 拷貝 | ごうかい | 87 |
| 考験 | こうけん | 87 | 合上試巻 | ごうじょうしかん | 92 |
| 考査 | こうさ | 93 | 跨学科 | こがっか | 53 105 |
| 考試 | こうし | 19 93 | 跨区做題 | こくさくだい | 93 |
| 考試作弊 | こうしさくへい | 23 | 黒板擦 | こくばんさつ | 98 |
| 考試時間 | こうしじかん | 93 | 語言学校 | ごげんがっこう | 90 |
| 考試地点 | こうしちてん | 93 | 語言生 | ごげんせい | 102 |
| 考試日期 | こうしにちき | 93 | 語言辯正 | ごげんべんせい | 90 |
| 考場 | こうじょう | 93 | 語法 | ごほう | 94 |
| 考生 | こうせい | 93 | 小抄 | こしょう | 94 |
| 考点 | こうてん | 93 | 護照 | ごしょう | 101 |
| 考点代号 | こうてんだいごう | 93 | 国家奨学金 | こっかしょうがくきん | 8 |
| 高級知識分子 | こうきゅう ちしきぶんし | 52 | 国家助学金 | こっかじょがくきん | 7 |
| 高教 | こうきょう | 69 | 国家助学貸款 | こっかじょがく たいかん | 9 |
| 高校 | こうこう | 67 | 国家励志奨学金 | こっかれいし しょうがくきん | 8 |
| 高校考試 | こうこうこうし | 4 | 戸頭 | ことう | 96 |
| 高校統一入試 | こうこう とういつにゅうし | 4 | 五年一貫制高職 | ごねん いっかんせい こうしょく | 76 |
| 高考 | こうこう | 4 | — さ — | | |
| 高考状元 | こうこうじょうげん | 7 | 才華出衆 | さいかしゅっしゅう | 22 |
| 高等学校 | こうとうがっこう | 67 | 在綫 | ざいせん | 100 |
| 高等教育 | こうとうきょういく | 69 | 作業 | さぎょう | 91 |
| 高等教育自学考試 | こうとうきょういく じがくこうし | 72 | 作廃 | さくはい | 95 |
| | | | 作文 | さくぶん | 91 |
| 高分 | こうぶん | 92 | 作弊 | さくへい | 95 |
| 校区／校園 | こうく／こうえん | 97 | 査問／査詢 | さもん／さじゅん | 95 |
| 校慶 | こうけい | 97 | 三甲 | さんこう | 94 |
| 校警 | こうけい | 97 | 三好学生 | さんこうがくせい | 23 |
| 校長 | こうちょう | 45 | | | |
| 校友 | こうゆう | 106 | | | |

| | | | | | | |
|---|---|---|---|---|---|---|
| 刪除 | さんじょ | 88 | 習作 | しゅうさく | 90 |
| 字音 | じおん / じいん | 91 | 習題 | しゅうだい | 90 |
| 字母 | じぼ | 91 | 就職 | しゅうしょく | 30 |
| 自学考試 / 自考 | じがくこうし / じこう | 72 | 就職指導中心 | しゅうしょく しどう ちゅうしん | 31 |
| 自主招生 | じしゅしょうせい | 3 | 重点大学 | じゅうてんだいがく | 65 |
| 自動鉛筆 | じどうえんぴつ | 100 | 収発室 | しゅうはつしつ | 96 |
| 自費留学生 | じひ りゅうがくせい | 103 | 宿舎 | しゅくしゃ | 16 |
| 志願学校 | しがんがっこう | 94 | 宿舎費 | しゅくしゃひ | 96 |
| 志願表 | しがんひょう | 94 | 縮微照片 | しゅくびしょうへん | 101 |
| 試卷 | しかん | 94 | 出国熱 | しゅっこくねつ | 105 |
| 試卷号碼 | しかんごうば | 94 | 出入境検験検疫局 | しゅつにゅうきょう けんけんけんえききょく | 100 |
| 試題 | しだい | 94 | 出榜 | しゅつぼう | 22 |
| 試読生 | しどくせい | 88 | 准考証 | じゅんこうしょう | 95 |
| 耳機 | じき | 98 | 巡視 | じゅんし | 94 |
| 諮詢 | しじゅん | 97 | 暑暇 | しょか | 96 |
| 諮詢処 | しじゅんしょ | 97 | 書架 | しょか | 99 |
| 磁帯 | じたい | 98 | 書簽 | しょせん | 99 |
| 実習 | じっしゅう | 29 | 書面語 | しょめんご | 89 |
| 失足青少年 | しっそく せいしょうねん | 25 | 序号 | じょごう | 94 |
| 指導 | しどう | 90 | 助理研究員 | じょり けんきゅういん | 46 |
| 指南 | しなん | 97 | 上課 | じょうか | 88 |
| 磁盤 | じばん | 98 | 上学 | じょうがく | 88 |
| 舎監 | しゃかん | 17 | 状元 | じょうげん | 7 |
| 社区教育 | しゃくきょういく | 51 | 証件号碼 | しょうけんごうま | 102 |
| 卸載 | しゃさい | 100 | 証書 | しょうしょ | 102 |
| 写作 | しゃさく | 90 | 小冊子 | しょうさっし | 102 |
| 手機 | しゅき | 96 | 小売部 | しょうばいぶ | 97 |
| 手記 | しゅき | 89 | 招収 | しょうしゅう | 102 |
| 手冊 | しゅさつ | 101 | 招生 | しょうせい | 2 |
| 手抄 | しゅしょう | 88 | 招聘会 | しょうへいかい | 31 |
| 手勢 | しゅせい | 96 | 橡皮 | しょうひ | 100 |
| 主考 | しゅこう | 94 | 照片 | しょうへん | 102 |
| 主考教師 | しゅこうきょうし | 95 | 承辦 | しょうべん | 91 |
| 首頁 | しゅけつ | 99 | 承辦単位 | しょうべんたんい | 91 |
| 修改 | しゅうかい | 90 | 章法 | しょうほう | 90 |
| 宗教院校 | しゅうきょう いんこう | 80 | 抄本 | しょうほん | 100 |
| 住校生 | じゅうこうせい | 15 | 商務貼 | しょうむちょう | 99 |
| 住宿 | じゅうしゅく | 97 | | | |

| | | |
|---|---|---|
| 上網 | じょうもう | 99 |
| 職業技術学院 | しょくぎょう ぎじゅつがくいん | 104 |
| 職業教育 | しょくぎょうきょういく | 74 |
| 職業高中 | しょくぎょうこうちゅう | 78, 103 |
| 職業初中 | しょくぎょうしょちゅう | 104 |
| 職業大学 | しょくぎょうだいがく | 104 |
| 食堂 | しょくどう | 96 |
| 詞匯（彙） | しわい（い） | 85 |
| 進修証書 | しんしゅうしょうしょ | 87 |
| 進修証明書 | しんしゅう しょうめいしょ | 87 |
| 新生 | しんせい | 97 |
| 新聞 | しんぶん | 90 |
| 推薦 | すいせん | 101 |
| 推選 | すいせん | 101 |
| 随隊老師 | すいたいろうし | 97 |
| 数据 | すうきょ | 99 |
| 背 | せ | 84 |
| 背誦 | せしょう | 84 |
| 請暇 | せいか | 96 |
| 成考 | せいこう | 4 |
| 成人高等教育 | せいじん こうとうきょういく | 71 |
| 成人高考 | せいじんこうこう | 4 |
| 成人大学 | せいじんだいがく | 104 |
| 成績単 | せいせきたん | 85 |
| 精読 | せいどく | 87 |
| 青年志願者 | せいねん しがんしゃ | 12 |
| 正版 | せいはん | 100 |
| 精品課程 | せいひんかてい | 54 |
| 西部開発助学工程 | せいぶかいはつ じょがく こうてい | 66, 106 |
| 姓名 | せいめい | 102 |
| 尺子 | せき（しゃく）し | 98 |
| 碩士 | せきし | 37 |
| 節／堂 | せつ／どう | 87 |
| 専家 | せんか | 47 |
| 専業 | せんぎょう | 91 |
| 専門 | せんもん | 91 |
| 尖子学生 | せんしがくせい | 22 |
| 選修課 | せんしゅうか | 90 |
| 剪刀／剪子 | せんとう／せんし | 98 |
| 剪報 | せんぽう | 86 |
| 総学時 | そうがくじ | 91 |
| 総合 | そうごう | 95 |
| 総分 | そうぶん | 95 |
| 造句 | ぞうく | 90 |
| 双向選択 | そうこうせんたく | 30 |
| 双語教学 | そうごきょうがく | 53 |
| 走後門入学 | そうこうもん にゅうがく | 7 |
| 挿座 | そうざ | 98 |
| 捜索引擎 | そうさくいんけい | 99 |
| 挿頭 | そうとう | 98 |
| 挿班 | そうはん | 85 |
| 挿班生 | そうはんせい | 85 |
| 双人間 | そうじんけん | 96 |
| 走読生 | そうどくせい | 88 |
| 相片 | そうへん | 102 |
| 測験 | そくけん | 91 |
| 測試 | そくし | 91 |
| 速成培訓 | そくせいばいくん | 89 |
| 速成班 | そくせいはん | 89 |
| 疏散梯 | そさんてい | 96 |
| 疏流路径 | そりゅうろけい | 96 |
| 素質教育 | そしつきょういく | 56 |
| 鼠標 | そひょう | 99 |
| 存車処 | そんしゃしょ | 95 |

— た —

| | | |
|---|---|---|
| 退学 | たいがく | 25 |
| 大学英語考試 | だいがく えいごこうし | 27 |
| 大専 | だいせん | 105 |
| 代号 | だいごう | 92 |
| 台式電脳 | たいしきでんのう | 99 |
| 第二学士学位 | だいに がくしがくい | 54 |
| 太平梯 | たいへいてい | 97 |
| 太平門 | たいへいもん | 97 |

| 打印 | だいん | 85 |
| --- | --- | --- |
| 打印機 | だいんき | 98 |
| 托福 | たくふく | 28 |
| 短期課程 | たんきかてい | 85 |
| 短訓課程 | たんくんかてい | 85 |
| 単詞 | たんし | 85 |
| 短信 | たんしん | 98 |
| 単人間 | たんじんけん | 95 |
| 弾性学制 | だんせいがくせい | 55 |
| 地址 | ちし | 98 |
| 中華人民共和国簽証申請書 | ちゅうかじんみん きょうわこく せんしょうし んせいしょ | 103 |
| 中期考核 | ちゅうきこうかく | 37 |
| 中等専業学校／中専 | ちゅうとう せんぎょう がっこう／ちゅうせん | 76, 103 |
| 聴課 | ちょうか | 89 |
| 聴講 | ちょうこう | 89 |
| 聴写黙写 | ちょうしゃもくしゃ | 89 |
| 聴従 | ちょうじゅう | 89 |
| 聴説読写 | ちょうせつどくしゃ | 89 |
| 聴力 | ちょうりょく | 94 |
| 調干生 | ちょうかんせい | 6 |
| 調班 | ちょうはん | 85 |
| 跳級 | ちょうきゅう | 89 |
| 長江学者 | ちょうこうがくしゃ | 48, 105 |
| 跳班 | ちょうばん | 89 |
| 直昇 | ちょくしょう | 6 |
| 通才教育 | つうさいきょういく | 51 |
| 通訊地址 | つうじんちし | 101 |
| 手続 | てつづき | 101 |
| 手続費 | てつづきひ | 101 |
| 定向培養碩士生 | ていこう ばいよう せ きしせい | 42 |
| 停車場 | ていしゃじょう | 97 |
| 停頓 | ていとん | 89 |
| 訂書機 | ていしょき | 98 |
| 訂書器 | ていしょき | 98 |
| 底綫（線） | ていせん | 92 |

| 提問 | ていもん | 89 |
| --- | --- | --- |
| 輟学 | てつがく | 26 |
| 電化教学 | でんかきょうがく | 105 |
| 電教中心／電教站 | でんきょうちゅうしん／でんきょうたん | 105 |
| 電視教育 | でんしきょういく | 73 |
| 填空測験 | てんくうそくけん | 94 |
| 填写 | てんしゃ | 89 |
| 填補空缺 | てんほくうけつ | 94 |
| 点題 | てんだい | 85 |
| 点名 | てんめい | 85 |
| 点名冊 | てんめいさつ | 85 |
| 伝（傳）達室 | でんたつしつ | 95 |
| 轉（転）班 | てんばん | 91 |
| 檔案 | とうあん | 31 |
| 投影儀 | とうえいぎ | 99 |
| 逃課 | とうか | 24 |
| 逃学 | とうがく | 24 |
| 同学 | どうがく | 90 |
| 答巻 | とうかん | 92 |
| 等級分数 | とうきゅうぶんすう | 92 |
| 等級分範囲 | とうきゅう ぶんはんい | 92 |
| 等第／等級 | とうてい／とうきゅう | 92 |
| 党校 | とうこう | 79 |
| 導師制 | どうしせい | 55 |
| 盗版 | とうばん | 98 |
| 同班同学 | どうはんどうがく | 90 |
| 討論 | とうろん | 89 |
| 討論式課程 | とうろんしき かてい | 89 |
| 督学 | とくがく | 105 |
| 読写 | どくしゃ | 85 |
| 読書 | どくしょ | 85 |
| 読本 | とくほん | 85 |

— な —

| 軟件 | なんけん | 99 |
| --- | --- | --- |
| 二外 | にがい | 85 |
| 211工程 | にいちいち こうてい | 64, 104 |
| 2008級 | にぜろぜろはち きゅう | 1 |

| | | |
|---|---|---|
| 入学申請書 | にゅうがく しんせいしょ | 101 |
| 念書 | ねんしょ | 88 |
| — は — | | |
| 培訓 | ばいくん | 88 |
| 培養 | ばいよう | 88 |
| 博士 | はくし | 41 |
| 博士後 | はくしご | 44 |
| 博士後流動站 | はくしご りゅうどうたん | 45 |
| 博士生導師 | はくしせい どうし | 46 |
| 博導 | はくどう | 46 |
| 薄弱学校 | はくじゃくがっこう | 78 |
| 派出所 | はしゅつしょ | 96 |
| 80後大学生 | はちぜろご だいがくせい | 1 |
| 発巻 | はっかん | 92 |
| 班委会 | はんいかい | 10 |
| 班学生委員会 | はん がくせい いいんかい | 10 |
| 班干部 | はんかんぶ | 84 |
| 班級 | はんきゅう | 84 |
| 班主任 | はんしゅにん | 84 |
| 班長 | はんちょう | 84 |
| 汎読 | はんどく | 85 |
| 飯票 | はんぴょう | 95 |
| 備課 | びか | 84 |
| 批改作業 | ひかいさぎょう | 88 |
| 皮筋児 | ひきんじ | 99 |
| 筆記 | ひっき | 84 |
| 筆記本 | ひっきほん | 97 |
| 筆記本電脳 | ひっきほん でんのう | 97 |
| 筆試 | ひっし | 91 |
| 筆訳 | ひつやく | 84 |
| 畢業証 | ひつぎょうしょう | 35 |
| 畢業証書 | ひつぎょうしょうしょ | 35 |
| 必修課 | ひっしゅうか | 84 |
| 非定向培養碩士生 | ひていこう ばいよう せきしせい | 42 |
| 百分制 | ひゃくぶんせい | 19 |

| | | |
|---|---|---|
| 病假（暇） | びょうか | 84 |
| 評試巻 | ひょうしかん | 93 |
| 評定表 | ひょうていひょう | 20 |
| 病毒 | びょうどく | 98 |
| 屏幕 | びょうまく | 99 |
| 便覧 | びんらん | 100 |
| 不及格/不合格 | ふきゅうかく/ふごうかく | 91 |
| 附件 | ふけん | 100 |
| 復印 | ふくいん | 86 |
| 復習 | ふくしゅう | 86 |
| 復述練習 | ふくじゅつれんしゅう | 86 |
| 復読 | ふくどく | 6 |
| 複語専業 | ふくごせんぎょう | 105 |
| 普通高校 | ふつうこうこう | 104 |
| 普通高中 | ふつうこうちゅう | 103 |
| 普通初中 | ふつうしょちゅう | 103 |
| 文化衝撃 | ぶんかしょうげき | 97 |
| 文件 | ぶんけん | 102 |
| 分班考試 | ぶんぱんこうし | 92 |
| 粉筆 | ふんぴつ | 98 |
| 保安 | ほあん | 95 |
| 保送 | ほそう | 5 |
| 補課 | ほか | 84 |
| 補校 | ほこう | 84 |
| 補考 | ほこう | 91 |
| 補做 | ほさく | 91 |
| 補習 | ほしゅう | 84 |
| 補習班 | ほしゅうはん | 84 |
| 補導員 | ほどういん | 15 |
| 補辦（弁） | ほべん | 101 |
| 輔導 | ほどう | 85 |
| 輔導老師 | ほどうろうし | 86 |
| 放暇 | ほうか | 95 |
| 放学 | ほうがく | 95 |
| 報刊 | ほうかん | 84 |
| 報考 | ほうこう | 91 |
| 報告 | ほうこく | 84 |
| 報紙 | ほうし | 95 |

| 報到 | ほうとう | 10 |
| --- | --- | --- |
| | | 84 |
| 報名 | ほうめい | 100 |
| 報名順序号 | ほうめい　じゅんじょごう | 100 |
| 報名費 | ほうめいひ | 100 |
| 拼写訓練 | ほうしゃくんれん | 88 |
| 拼写練習 | ほうしゃれんしゅう | 88 |
| 帮（幇）助 | ほうじょ | 84 |
| 墨盒 | ぼくごう | 99 |
| 本子 | ほんし | 84 |

— ま —

| 密碼 | みつば | 98 |
| --- | --- | --- |
| 身分証 | みぶんしょう | 96 |
| 無線網 | むせんもう | 100 |
| 鍍金 | めっき/ときん | 58 |
| 免考 | めんこう | 93 |
| 面試 | めんし | 93 |
| 網頁 | もうけつ | 100 |
| 網綫（線） | もうせん | 99 |
| 網吧 | もうは | 99 |
| 網費 | もうひ | 99 |
| 網絡 | もうらく | 99 |
| 模擬考試 | もぎこうし | 93 |
| 門 | もん | 88 |
| 門衛 | もんえい | 96 |
| 問答練習 | もんどうれんしゅう | 90 |

— や —

| U盤 | ゆうばん | 99 |
| --- | --- | --- |
| 輸入法 | ゆにゅうほう | 99 |
| 遥控器 | ようこうき | 100 |
| 様題 | ようだい | 90 |
| 預科 | よか | 80 |

— ら —

| 乱碼 | らんば | 98 |
| --- | --- | --- |
| 離場 | りじょう | 93 |
| 留学生辦（弁）公室 | りゅうがくせい　べんこうしつ | 101 |
| 留級 | りゅうきゅう | 26 |

| 領取 | りょうしゅ | 101 |
| --- | --- | --- |
| 朗誦 | ろうしょう | 88 |
| 朗読 | ろうどく | 88 |
| 録取通知書 | ろくしゅ　つうちしょ | 101 |
| 録取分数 | ろくしゅぶんすう | 93 |
| 録取名額 | ろくしゅめいがく | 93 |
| 論文答辯 | ろんぶんとうべん | 41 |

## 【編者・執筆者紹介】

〈編者〉

**澤谷 敏行**（さわたに・としゆき）

関西学院大学高等教育推進センター次長。蘇州大学大学院中国現当代文学研究科修了。1983年9月～1984年8月吉林大学、1993年5月～1996年8月蘇州大学大学院留学。主な業績として、『中国と日本の留学交流－担当者のための基礎ノート』JAFSA ブックレット 1999.7<共著>、『こんな中国人、こんな日本人』関西学院大学出版会 2001.12〈共訳・編〉、『大学事務職員のための日中留学交流の手引き』関西学院大学出版会 2005.4〈共著・編〉、『JAFSA 留学生受け入れの手引き』JAFSA 2006.5.〈共著〉他。2008 年度大学行政管理学会第 3 回孫福賞受賞。

〈執筆者〉（五十音順）

**河野 理恵**（こうの・りえ）

一橋大学社会学研究科講師。JAFSA 中国 SIG 代表。一橋大学大学院社会学研究科博士課程退学。1984年9月～1986年7月南開大学留学。主な業績として、「"戦略"的『日本文化』非存在説—『日本事情』教育における『文化』のとらえ方をめぐって－」『21 世紀の「日本事情」－日本語教育から文化リテラシーへ』第 2 号 くろしお出版 2000.10、「日本人論を扱った『日本事情』の認識論的考察」『開かれた日本語教育の扉』松岡弘・五味政信編著、スリーエーネットワーク 2005.2、「大学院授業における『日本人論』への取り組み」『インターカルチュラル』第 8 号 日本国際文化学会風行社 2010.3 他。（第一部、学部生、大学院、教職員）

**澤谷 敏行**（さわたに・としゆき）

関西学院大学高等教育推進センター次長。（第一部、教育カリキュラム、中国の高等教育、中等職業教育、その他教育機関）

**田村 悠**（たむら・ゆう）

二松学舎大学国際交流センター職員。奈良女子大学文学部卒。2001 年 9 月～2003 年 1 月天津理工学院留学。（第一部、学部生、中国人の留学、中国の高等教育）

**中田 和貴**（なかた・かずき）

関西学院大学留学生総合支援課職員。関西学院大学文学部卒。2007 年 9 月～2008 年 2 月吉林大学留学。（第二部、知っておくと便利な単語帳）

**原口 昭一**（はらぐち・しょういち）

観光庁国家資格通訳案内業（中国語）。1992 年 9 月～1993 年 3 月吉林大学、1994 年 4 月～1995 年 3 月天津師範大学留学。主な業績として、『成語で拓く中国語』かんぽうサービス 2005.6 他。（中国語全般）

**房 雪霏**（Fang Xuefei）
関西学院大学中国語非常勤講師。主な業績として、「周作人と与謝野晶子」『人間文化研究科年報』第 11 号 奈良女子大学 1995.11、「中日文中 "祇園" "祇" 字的誤用与誤読」『外国語紀要』14 号 関西学院大学 2010.2 他。（中国語全般）

**松尾 隆**（まつお・たかし）
成蹊大学入試センター職員。早稲田大学法学部卒。2004 年 2 月～ 2005 年 1 月北京師範大学留学。主な業績として、『100 人＠日中新世代』中央新書ラクレ 2002.9〈分担執筆〉、「大学職員＠北京留学中」『留学交流』6 月号 2004.、『大学事務職員のための日中留学交流の手引き』関西学院大学出版会 2005.4〈共著〉。（第一部、学部生、生涯学習・英才教育）

**林 洪**（Lin Hong）
北京師範大学外国語言文学学院副教授。『日語常用表達形式用法辞典』北京大学出版社 2003.1〈共著〉、「CEF・NSFLE・日語課程標準の比較」『日語教育与日本語研究论丛』第三輯 学苑出版社 2008. 他。（中国語全般）

---

大学教職員と学生のための
## 中国留学・教育用語の手引き

2010 年 6 月 30 日　初版第 1 刷発行

編　者　澤谷敏行

発行者　宮原浩二郎
発行所　関西学院大学出版会
　　　　〒 662-0891
　　　　兵庫県西宮市上ケ原一番町 1-155
電　話　0798-53-7002
印　刷　協和印刷株式会社

©2010 Toshiyuki Sawatani
Printed in Japan by Kwansei Gakuin University Press
ISBN978-4-86283-066-1
落丁・乱丁本はお取り替えいたします。
http://www.kwansei.ac.jp/press/